目　　　　次

はじめに ……………………………………………………………………………… 1

序 ……………………………………………………………………………………… 3

第 1 章
　エトルリア語の解明に向けて ……………………………………………………… 5

第 2 章
　エトルリア語の歴史 ………………………………………………………………… 9

第 3 章
　エトルリア語の文字体系 ………………………………………………………… 15

第 4 章
　エトルリア語の文法 ……………………………………………………………… 25

第 5 章
　エトルリア語・日本語 語彙集 ………………………………………………… 51

あとがき …………………………………………………………………………… 58

はじめに

　若い頃、言語学徒として、まるで理系の学生のように、グリム（J. Grimm）の発想を切り刻んでは吟味していた。彼の独創的な「グリムの法則（音規則）」を、自然言語の確率の問題として扱い、実際にグリムが想定したような音法則は言語類型論的な見地からしてあり得なかったのではないかという考えをもっていた。次第にグリムの神話学に関心が移り、少しは人文学全般に目配りした着想が利くようになると、ロマン派後期の人々が夢想していた歴史の始源に興味が向くようになり、ゲルマン語に則して実証的に歴史を遡ると、ゲルマン人の書き言葉という課題に行き着くことになった。彼らゲルマン人の文化的上層はおそらくはバイリンガル（ラテン語・ゲルマン語）で、両方の言語に長け、例えばラテン語を使う時にはラテン文字で書き、土着のゲルマン語で記す時にはルーン文字を用いていたという状況であったのであろうと想定している。ただ利便性だけを言うなら、ラテン文字を用いていればよかったのかもしれない。彼らはラテン文字を十分に習得し、その知識をもっていたであろうから。しかしながら、こういう言語状況の中で、それでも自民族のために新しい文字体系を創ろうとする傾向は自然なものでもあると言えよう。文字の使用は知的な営みであり、ある種の文化的普遍性のある時代（例：商業的記録などが必要な交易の拡大期）、自らの文化的アイデンティティの確立に向けて、他文化を吸収し模倣段階を経ながらも自らの文字体系をもちたいと願う心情はよく理解できるものである。

　さて、未知の言語について新しい事実を知ることは興味深いことである。言語は、民族の感情、民話など文化史料を記録し、また記録に残されたテクストを読み解く道具だからである。本書は、ヨーロッパ古代の謎の言語、エトルリア語の言語文化全般にわたり、過去のアーカイブを構築する意味も込めて、その全体像に迫るものである。これまでの研究成果を踏まえ、ゲルマン人のルーン文字に影響を与えたかもしれないエトルリアのアルファベットについても十分に論及したい。また、語彙集を独立させ第 5 章とし実用性を図り、かつ全般的に、エトルリア語に限らずマイナーな言語を対象とする言語的研究の輪郭を浮かび上がらせるべく各所になるべく多く注記を添えるようにした。

　一般に古代言語・古代文字の解読と包括的に言われているもののうちでも、実際には対象の性格にしたがって、いつくかのタイプがある。対象とする言語・文字の状況から、文字の解読は次の 4 つのパターンに分類される。

　　A 型：既知の文字で既知の言語が記述されている場合。
　　B 型：未知の文字で既知の言語が記述されている場合。
　　C 型：既知の文字で未知の言語が記述されている場合。
　　D 型：未知の文字で未知の言語が記述されている場合。

　このうち、C 型・D 型は言語の復元が主な研究課題になり、B 型・D 型に関しては文字の解

1

読が主たるテーマである[1]。いずれの場合も、このような限られたデータを用いて文法を記述することこと自体、実際、困難な作業で、この理想に向かって少しずつ作業を進めるわけである。こうしたプロセスは、たいていの場合、文法・テクスト・辞書を作ることから始まり、これら3つの仕事は互いに絡み合っている。いわば、これら3つは同時に行われていくべきものである。

　併せて、危機に瀕したマイナーな言語を区分する際、現状に応じて危機の型（タイプ）をたてることができる[2]。

　　〈絶滅〉ある言語の話者集団が完全に途絶える場合（部族の絶滅）。
　　　　　例：チャタム語（ニュージーランド南島の東部）
　　〈代替〉・〈併合〉政治的な要因により言語が置き換わる場合。
　　　　　　例：ウアトプタプ語
　　〈後退〉・〈衰弱〉例：ハワイ語
　　〈変質〉例：ツアモツ語

　言語の絶滅はさまざまな形で生じるが、いずれにしても、次世代に自らの言語を引き継ぐことができないことから起こるわけである。その要因は、何らかの大きな圧力が当該の言語共同体の社会的伝統を阻害することである[3]。

　確かに、エトルリア人は確かにルネサンス時代から20世紀末までずっと謎の民族と語られてきた。しかしながら、今日エトルリア学は近代的な学問の枠組みで捉えられるようになり、最新の研究成果に基づきエトルリアの言語文化を学術的に考察するというのが本書の狙いである。

　なお、イラストの方は、イラストレーターの山岡七菜瀬さんにお世話になりました。

ヴィラ・ジュリア国立博物館

1　西田（2002:19）
2　柴田（2003:18–22）
3　具体的には、経済原理によるもの、画一的な教育制度の強制などが挙げられるが、歴史的にはやはり
　　軍事的な侵略によって引き起こされた場合が多い。

序

エトルリア人は古代の「神秘に包まれた民族」の1つ
である。イタリアの、ローマ人たちよりもさらに昔の
あのおぼろげな影に包まれた有史以前の時代に属する、
今は消え失せた文明の1つである[4]。

　イタリア北中部を旅すればエトルリアの遺跡に出くわすことがよくある。高度な文明を誇っ
ていたエトルリアである。ただ、今日までエトルリア語[5]は解読が不可能とされてきた。名前や
墓碑銘などしか存在せず[6]、長いテクストが在証されていないので、その言語（エトルリア語）を
読み解く手がかりが少ないためである[7]。それでも、世界最古の（製本された）本はエトルリア
語のもの（2500年前）と言われ、それはソフィア世界史博物館（ブルガリア）に所蔵され、6
枚のページと24金（純金）でできている。その中には、馬に乗る戦士、人魚などが描かれてい
る（**第2章：歴史的背景**）。

　エトルリアは、当時のイタリア半島で文化・経済面において、何と言っても先進的であり、ギ
リシアからいち早く文字を採り入れたことで名高い（**第3章：文字体系**）。紀元前8世紀以降、
クーマエ（南イタリア）を拠点に活発な植民活動を行っていたギリシア人と積極的に交流し、ギ
リシア人がエトルリア人の住むイタリアの地に初めて文字をもたらしたのである。現存する文
字資料の年代は、最古のエトルリア文字が確立した紀元前7世紀から紀元前1世紀頃にまで及
ぶ。しかしながら、それ以降はローマ帝国の隆盛に伴いエトルリア語は消滅の道を辿るのみで
あった[8]。

　エトルリア語はイタリア半島の現在トスカーナ地方と呼ばれる地域で、エトルリア人によっ
て話され、かつ書かれていた言語である（**第4章：文法体系**）。紀元前のイタリア半島と言う
とラテン語がよく知られているが、エトルリア語はそのラテン語よりも少し前にイタリア半島
で栄えた文明の言葉であるが、現存する言語データは限られており、その大半が墓碑銘であり、
エトルリア語の語彙はごくわずかしか知ることができないのである（**第5章の「エトルリア語・
日本語 語彙集」**を参照のこと）。

　エトルリア語が最後にいつ話されたのかは実は正確にわかっている。西暦408年、ゴート人

4　D. H. ロレンス（1987:5）『エトルリアの故地』（奥井　潔　訳）南雲堂。ローマにおけるエトルリア文明の
　痕跡はさまざまな面で明瞭である。例えば、低湿地ローマの土地を排水しローマを湿地から開放した、
　（最大の）下水工事（クロアカ・マキシマ Cloaca Maxima、紀元前6世紀頃）もエトルリア人技術者の
　手によって建設されたものである。
5　紀元前9世紀にその存在が確認でき1世紀まで使用されていたとされる。
6　約7500のテクストが残されている（Rix 1985:210）。紀元前7世紀から紀元後1世紀に及ぶものである。
7　ペルージャ（Perugia）・パドヴァ（Padova）・シエナ（Siena）などの地名はエトルリア起源である。
8　古代イタリアで古い文字資料を残した諸民族の言語はすべて印欧語系である。エトルリア語は系統が
　不明である。

の王アラリックによって破壊される危機に直面したローマにおいて、「何人かのエトルリアの僧侶が皇帝のもとに赴き、敵を撃退するための秘儀を行い、エトルリア語の祈りと呪文を唱えることを申し出た。しかし彼らは目的を達しなかった。というのも、ローマは占拠されてしまったからである。そして、これがエトルリア語が話された最後の機会だったのである」[9]。この神秘に満ちた古代の言語、エトルリア語の全体像の解明に向けて、以下、筆を進めたい。

テラコッタ[10]製「夫婦の棺」（BC520年頃。チェルヴェーテリ出土）長さ1.91 m、高さ1.41 m（ローマのヴィラ・ジュリア・エトルリア博物館 所蔵）

9　ボンファンテ（1996:18）
10　terra cotta（イタリア語）:「泥焼・素焼」の意。

第1章
エトルリア語の解明に向けて

「ローマ人は地誌には関心を抱いたが、エトルリア語やリグーリア語のような言語については何一つ記録を残さなかった。これらの言語はローマから2、3日歩いた場所で何世紀にもわたって話されていたのだが」
Evans (2013:49)

　エトルリア人は、紀元前8世紀頃から紀元前1世紀頃にかけて北イタリアを中心に西地中海において初の都市文化を築いた民族である。歴史の過程でローマ化しエトルリア独自の言語や文化を失ってしまいはしたが、今日のアルファベットなど、ギリシアからエトルリア経由でローマに伝えられた文化遺産があり、その歴史的意義は決して小さくない。エトルリア自身が元々もっていた文化の上にギリシアから多大の影響を受けローマに橋渡ししたのである。アルファベットの歴史の背景には、エジプトのヒエログリフからの文字の誕生のバックグラウンドがある。文字の史的発達の模様を系統立って捉えたものが次の表である。

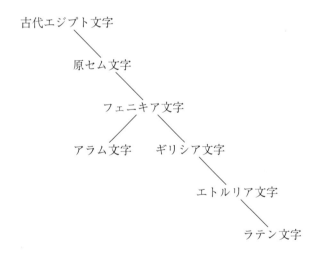

　エトルリア語の魅力は、何より、この言語が今のところ、既知のどの言語とも親縁性がないとされている点である。文字の系統がこれほど明確にわかっているのとは好対照である。例えば近隣の印欧語系の古典語と比べてみても、エトルリア語の基礎語彙は類縁性を全く示さない。印欧語全体を見渡してみても、そこにはエトルリア語との共通性は見出されない。

	ギリシア語	ラテン語	エトルリア語
父	patēr	pater	apa
母	māter	māter	ati
息子	hyios	fīlius	clan
娘	thygatēr	fīlia	sech

　未知の言語に対する好奇心は人の心に絶えずあるもので、今日でもエトルリア語の謎に挑む人々が後を絶たない[11]。今なおエトルリア文法の正体は厳密にはわかっておらず、それゆえ「エトルリアの謎」と呼ばれている。このように、エトルリア語は、印欧語の世界が確立される以前に地中海沿岸で使われていた諸言語の基層に属するものではないかと推測される[12]。実際、エトルリア語で書かれたテクストは未だに十分には解読されるに至っていない[13]。エトルリア人の墓から出土する膨大な数（数千）の考古史料に比して文字資料が少なく、これがギリシア・ローマ言語文化とは大きく異なるエトルリア語の特徴とも言える。エトルリア人自身が書いた文献テクストが皆無ということもあり、これもあって今なお私たちに「謎のエトルリア文化」というイメージを与えるのであろう[14]。

エトルリア史 略年表

エトルリア関係	エトルリア以外	
	前 3000 年	エーゲ海文明、始まる。
前 9 世紀		中南部イタリアで文化活動が始まる。ヴィッラノーヴァ文化が栄える。
前 800 年頃		エトルリアで文字の使用が始まる。
	前 8 世紀	フェニキアの植民地化（サルディーニャ島・シチリア島西部）。ギリシアの植民地化（南イタリア）。
	前 753 年	ローマ建国（伝承）。
前 720 年頃		ギリシアで黒絵式技法の焼き物が開発→エトルリアの陶器に影響。
	前 650 年頃〜	ブッケロ陶器の最盛期。
前 7 世紀		都市国家が誕生。
前 620 年頃〜		エトルリアでギリシアの影響を受けた焼き物が作られ始める。
前 616 年〜 前 509 年		エトルリア出身の王、ローマを統治。

11　矢島（1999:90ff.）

12　ブリケル（2009:9）

13　ボンファンテ（1996:5）。Bonfante（²2002:5–6）：「エトルリア語の史料の多くが墓碑銘であるという点もある」（"The Etruscans adopted writing, and left behind them thousands of inscriptions, but no literature."）。

14　テュイリエ（1994:46）

エトルリア関係	エトルリア以外	
前 600 年頃		エトルリア人の支配権拡大（ローマを含む）[15]。
前 6 世紀		エトルリア・カルタゴの同盟の結成→西地中海の海上支配。 エトルリアの植民地化（カンパーニアおよびピアヌラ・パダナ〈ポー川流域の平野〉）。
前 530 年頃		ギリシアで赤絵式技法の焼き物が開発 →エトルリアの陶器に影響。
	前 509 年	エトルリアの支配圏から外れ、ローマで共和政が成立（伝承）[16]。
前 6 世紀末		キウジの王ポルセンナ、ローマと戦う。
前 5 世紀		エトルリア、ラツィオ地方（ローマ周辺）の統治権を失う。
前 474 年		エトルリア、クーマエ沖（ナポリ湾）の海戦（エトルリア人×シラクサ人）で敗れ、エトルリアは海上支配権を失う→以降エトルリアは衰退に向かう。エトルリアの孤立化。
	前 448–433 年	パルテノン神殿が建設される（ギリシア）。
	前 426 年	ローマ、フィデネを征服。
	前 4 世紀	ガリア人の侵入。
	前 396 年	ローマ人、ヴェイオを破壊。
	前 390 年	ガリア人、ローマを包囲。
前 358 年		ローマと開戦。
前 353 年		チェルヴェテリがローマに降伏（カエレにて）。
前 351 年		タルキニアがローマに降伏（タルクィニアにて）。
前 310 年		ローマ人、エトルリアへ侵入。
	前 295 年	ローマがセンティヌムの戦いでエトルリア人・ガリア人・サムニウム人・ウンブリア人の連合軍を破る。
前 293 年		ローマ人、カエレを破壊。
	前 272 年	ローマがイタリア半島を統一。エトルリア人もその支配下に入る。
前 265 年		ウォルシニィ、征服・破壊される。
	前 264–241 年	第 1 次ポエニ戦争。
	前 255 年	ローマ人、ガリア人に勝利。
前 225 年		ローマ・エトルリア連合軍がガリア軍を破る（タラモーネの戦い）。
	前 218–202 年	第 2 次ポエニ戦争（ローマ、カルタゴのハンニバルと戦う）。

---

15 都市同盟（「エトルリアの十二の都市」という名）の 1 つウォルシニィ（現在のオルヴィエート）内のボルセーナ湖近くの聖地ファヌム・ヴォルトゥムナエで民族集会が開かれていたことが文書史料から知られているが、この聖地そのものはまだ発見されていない。

16 古代の著述家の多くが、どのようにエトルリア王たちがローマで追放され（そして、どのように共和政ローマが作られ）たかを記している。

エトルリア関係	エトルリア以外	
前150年頃		エトルリアが急速にローマに同化していく。
	前149–146年	第3次ポエニ戦争→カルタゴの崩壊。
	前100年	ミロのヴィーナスが制作される（ギリシア）。
前1世紀		エトルリア人、ローマ市民権を得る。
	前42年	オクタヴィアヌス帝、ペルージアに火を放つ。
	前27年	エトルリア、ローマの第7区となる（アウグストゥス帝が11に分割した領土のうちの第7区が、その地域に住む民族の呼称エトルスキに因んでエトルリアと名付けられた）。
	後117年	ローマ帝国の領土が最大になる。

タルクィニアの「豹の墓」に描かれた
宴会の光景（紀元前470年頃）[17]

17　墓の内部に描かれた壁画。ティレニア海に面した港町タルクィニア（エトルリア人の中心地、ローマの北西約50km）にある。

第2章
エトルリア語の歴史

ローマ人は地誌には関心を抱いたが、エトルリア語やリグーリア語のような言語については何一つ記録を残さなかった。これらの言語はローマから2、3日歩いた場所で何世紀にもわたって話されていたのだが[18]。

エトルリアのネックレス[19]

　ローマの歴史家ティトゥス・リウィウスによると、アルプスからメッシナ海峡に至るイタリアのほぼ全域にエトルリア国家の華々しい名声が鳴り響いていたとのこと、ボローニャを中心とするポー河流域に、紀元前7世紀から紀元前5世紀にかけてエトルリア文明が花開いていたのは確かである[20]。エトルリア人は、ローマ人がイタリア半島を征服する以前のイタリア中部で最も栄えていた民族であり[21]、異民族としてギリシア文化を最もよく理解していた人々なのである。ただ、強大な統一国家を形成していたわけではなく、また軍事に抜きん出ていたのでもなかった。

　豊かな鉱物資源に恵まれ、地味豊かな耕作地という風土のトスカーナ地方にあって[22]、エトルリア人は、金属（特に銅と鉄）の採鉱を行い、地中海方面に輸出して富を得ていた[23]。遠く北欧スウェーデンでもエトルリアのブロンズが発見されており、鉱物と農産物を載せたエトルリア

18　Evans（2013:49）
19　こうした工芸品などに製作者の名前が記されることがある。

　　mine　zineke　kavie
　　私を　　作った　Gavius
　　「私（工芸品）を Gavius が作った」

20　ボンファンテ・ラリッサ（1996:15–16）
21　エトルリア3大博物館は、フィレンツェの考古学博物館・ローマのヴィラ・ジュリア博物館・ヴァチカンのエトルリア美術館である（テュイリエ 1994:31）。
22　テュイリエ（1994:1）
23　『ローマ建国史』によれば、ローマはロムルスとレムスの双子の兄弟によって紀元前753年に建設されたことになっている。古代ローマは初代王ロームスルから7代続く王政を経て、紀元前509年からは選挙で選ばれた2名の執政官による共和政に移行し、ローマ帝国となる紀元前27年まで徐々に勢力範囲を拡大していく。紀元前272年にはイタリア半島を統一、さらにポエニ戦争（紀元前264年〜紀元前146年）を経て、ローマ帝国の覇権は地中海の沿岸諸地域へと及ぶことになる。

の船が地中海全域を航行し（おそらくポルトガル領マディラ諸島あたりの）大西洋域まで達していたと考えられている。こうしてイタリア半島と地中海におけるエトルリアの影響力が増大していくにつれて、エトルリア人は地中海を舞台に交易を展開していたフェニキア人・ギリシア人との間に摩擦を生むこととなる。

エトルリア人の領域（紀元前 750 年〈濃い色〉）。紀元前 750 年から 500 年にかけて拡張〈薄い色〉。エトルリア語は、トスカーナ州（「エトルリア人の土地」の意）・ティレニア海（「エトルリア人の海」の意）に残っている[24]。

　エトルリア人の起源は今日なお未解決のままである[25]。エトルリアの起源に関して古くから伝統的に唱えられてきた説は次の 3 つである。まず挙げられるのは、歴史家ヘロドトスに基づくものである。ヘロドトスの『歴史』によれば「自分たちの祖先が小アジアからテュレノスなる者に率いられ移住しエトルリアの都市を築いた」というリュディア人のことばを引用し[26]、エトルリア人が小アジア起源であることが示されている[27]。確かに、この説は、古代には広く受け入

---

[24] エトルリア人は海を往来する民族でもあり、古代地中海世界の至るところからその存在が記述されている。一説には古代エジプト第 20 王朝に記述のある「海の民」はエトルリア人ではなかったかとも言われている。

[25] ブリケル（2009:31–32）：「エトルリア人の起源の問題は非常に厄介なものに思われる。そしてそれぞれの説を支持するのに持ち出された近代の学者の議論といえども、より明確な見解を出すには至っていない。いずれの説も決定的ではなく、いずれの説も反駁が可能である」（La problématique des origines étrusques apparaît singulièrement compliquée. Et ce ne sont pas les arguments apportés à l'appui de chacune des thèses par les savants modernes qui permettent d'y voir plus clair: aucun n'est décisif, tous peuvent être retournés.）。

[26] エトルリア人はギリシア人からはテュレニア人 Tyrrhenoi と呼ばれていた。

[27] リュディア：紀元前 6 世紀、最後の王クロイソス時代のリュディア。赤線は紀元前 7 世紀の境界。リュディアは紀元前 7 世紀から紀元前 547 年まで王国として栄えた。

れられていた。紀元前 1 世紀にウェルギリウスがリュディア人と書けば[28]、それはエトルリア人を指すと即座に了解されていたようである[29]。次に、この仮説とは異なる観点から第二の学説が提起された。ギリシアの歴史家ディオニュシオスは[30]、エトルリア語がリュディア語と似ていないことから[31]、エトルリア人はイタリア土着の民であるという説を展開した。言語はもとより、宗教・法律・社会制度などに関しても、リュディア人と共通するものがないという論である[32]。事実、近代になって進められた古代リュディア諸都市の発掘からはヘロドトスの説を裏付ける考古学的証拠は何も現われていない。さらに別の視点から、第三の説として、エトルリア人は北方からイタリアに南下してきたという学説も提示されている[33]。

　そもそも、エトルリア人の起源を探る問題設定のしかたが、純粋に学術的な意味で客観的であるかどうかを問うことから始めなければならない。彼らの出自を規定しようとする背景に、実はギリシア人内部のスタンスの違いが大きく関与していることに注意を払う必要があるのである。すなわち、リュディア起源説を採るのはエトルリア人と良好な関係にある一部のギリシア人の立場なのである。エトルリア人は実際にはヘレネス（ギリシア人）ではなくギリシア語を話さないけれども、彼らをギリシア世界の中に入れ、彼らをヘラス[34]（ギリシア全土）の地そのものに関連付けようとする姿勢である。片や、エトルリア人と対立していたシュラクサイのギリシア人は、エトルリアはもともとイタリア半島に居た土着民であるという見方をする。つまり、エトルリア人はヘレネスとは全く共通性のないバルバロイ（ギリシア語を話さない人々）であるとみなすのである。このように、エトルリア人の起源を問う問題は、学問的に中立的なものではなく[35]、ギリシア人がエトルリア人に対し肯定的か否定的か一定の評価を下すという点にかかっている側面がある[36]。

　基本的にイタリア中央部にアプローチの対象を絞り、そこでエトルリア民族がどのように形成されていったのか考究する姿勢が重要であろう[37]。エトルリア人はこの地で生まれ、この地で

28　リュディアとは、古代小アジア西部アナトリア半島（現在のトルコ）のリディア地方を中心に栄えた王国のこと。首都サルディス。インド・ヨーロッパ語系のリュディア Lydia 人が建てた王国で、前 7 世紀初頭のフリュギア王国の滅亡後盛期を迎えた。土地は肥沃で、アジアとヨーロッパの商業路の要衝に当たり、ミダス伝説にみられるように黄金に富み、最古の鋳貨を作ったとされる。

29　ボンファンテ（1996:12）

30　エトルリア人のことを「その言語は他のどんなものとも共通でない民族」と形容している（メイエ 1954:463）。

31　Woudhuizen（1991）を参照。

32　ディオニュシオスの『ローマ古代史』（Rōmaïkē Archaiologiā）第 1 巻（28–2）には「いかなる種族とも言語を同じくしない」と記されている。

33　ボンファンテ（1996:12–13）

34　ギリシア人の土地。

35　そもそもエトルリア人と総括的にまとめられる人種はなく、共通の文化（例：文字）をもったさまざまな由来をもつ部族らの総称と捉えるのが現実的かもしれない。

36　ブリケル（2009:36–37）

37　エトルリア人は歴史の幕開けから民族的に一体性を示すような連合を形成していた、すなわち、この民族的一体性は 12 都市連合の形をとり、この連合は一柱の神への礼拝を共同で行うために集合していた（ブリケル 2009:45）。

あの文明を生んでいるわけである[38]。エトルリア文明に先行するヴィッラノーヴァ文化圏が外来の要素の影響を受けながら、これに呑み込まれず、その後も本来の独自性を保ち続け、自己の特殊性を失わずに新たな状況に適応していったと見るべきである[39]。19世紀以来、エトルリアの遺跡の考古学的発掘が始まり、学問的な枠組みでエトルリア学が開始され、エトルリア人が残した遺跡を直接、調査することが可能となった。発掘品に基づきエトルリア人の歴史を再構築し、学術的な観点からエトルリア文明を考察してみると、今日、私たちに知られているエトルリア文明は疑いなく古イタリア人がイタリアの地でギリシア文明[40]やオリエント（フェニキア）文明に出会いながら自ら発展させたものである[41]。

古代エトルリア（ブリケル 2009:13）

　エトルリア人に関する最も古い記述は、ヘシオドスの著した『神統記』の中の「ティレニア海の輝けるすべての民」である（紀元前7世紀初め）。ここでは、イタリアにおける非ギリシア人という意味合いで言及されている。実際、この時期（紀元前690年－680年）の最も古いエトルリア碑文に、すでにアルファベットで記された記録が残っている。これはエトルリア商人が商業地であるクーマエ（現ナポリ）近辺でギリシア人との交易から学んだものであると考えられている。

38　テュイリエ（1994:46）

39　ブリケル（2009:25–26）

40　ペルシアが小アジアを征服した後、多くのギリシア人がイオニア地方からエトルリアへ避難したという事情もある。

41　ラッチェ（1982:11–12）。ラッチェ（1982:13–14）:「村落から都市国家ポリスへゆっくりと移行したことは考古学的調査により追跡することができます。[...] 紀元前8世紀から5世紀はエトルリアにとってはギリシアとオリエント（フェニキア）の風俗習慣を絶え間なく取り込んだ時期でした。新しい文化を自分の物にした最初の人々は権力者たち、支配階級で、まさにこの階級が考古学遺物の中に多くの手がかりを残したのです」。

彼ら（＝エトルリア人）はピテクサイ（現イスキア島）とクーマエ（ナポリ湾）に入植し
　　た新しい隣人（＝ギリシア人）から受け入れたギリシア式アルファベットを用いて筆記で
　　きるようになった。次いで、彼らは自身の言語を記録し始めた[42]。

海洋民族として、エトルリア人は日常的にエトルリア語とフェニキア語を使っていたとされる
が、その詳細は未だわかっていない。彼らはフェニキア・ギリシア系文字を採り入れ後にこれ
をローマ人に伝えた。

　　ギリシアから借用した文字がエトルリアに現われるのはやっと紀元前 8 世紀末のことであ
　　る（ブリケル 2009:19）[43]。

エトルリア語は、このアルファベットで記述されているので文字自体は読む（音読する）こと
はできる。例えば、人名・地名などの固有名詞を認めることができるし（Apulu「アポロン神」、
Ruma「ローマ」など）、多くの墓標に記されている死者たちの名を判読することも難しくない[44]。

　　墓碑銘の例：avils lupu XXIIX
　　　　　　　　「28 歳にて没」（avil「年」、lupu「死す」
　　　　　　　　mi larices telaθuras σuϑi
　　　　　　　　「私は Larice Telaθura の墓（である）」

今日知られているエトルリア語の刻文は数千にも達する。「アグラム遺文」には 1,200 語もの語
彙が含まれており、他にもかなり長文のテクストも見つかっている。それにもかかわらず、今
もって完全な解読には至っていない[45]。
　　エトルリア人の生活を知るには、墳墓に納められたさまざまな品物および墳墓の壁に描かれ
た壁画に頼るしかない。墳墓の多くは地下に造られた大規模な空間で、大広間を模したその場
所には芸術的な装飾を施した豪華な石棺とともに、家具・宝飾品などが納められている[46]。よく
扱われるテーマとしては宴会の光景があり、これには二重の意味がある。実際の催しものを表

---

[42]　ボンファンテ（1996:14）
[43]　ブリケル（2009:19）：「エトルリア人がその言語と文字を用いて書き、彼らが何者であるかを確定でき
　　るような碑銘文はわれわれには残されていない」。
[44]　矢島（1999:88）
[45]　矢島（1999:88–89）
[46]　世界遺産のチェルヴェーテリ（Cervetri）とタルクイーニア（Tarquinia）の墓地遺跡群の内壁に描かれ
　　た壮大な壁画は生活にかかわるさまざまなテーマが主題となっている。

わしているということ以外に[47]、宴会それ自体が宗教的な葬儀式典の一部になっているのである[48]。なお、これらの史料は主に貴族階級に属するものである。エトルリア文明に先行するヴィッラノーヴァ（Villanova）文明ではこのような貴族の存在は見出されない。ヴィッラノーヴァとはボローニャ近郊の土地の名前に因んでおり、この当時（紀元前 900 年から 720 年頃まで）鉄器時代の社会である。エトルリアは紀元前 9 世紀から人口 200〜300 人の小村落を作って集まって生活していた[49]。

タルクィニア（Tarquinia、ローマの北西）の「寝椅子の墓」に描かれた音楽家

---

[47] 実生活という日常にあって、宴会を催すことは、主人がゲストに対して自らがエトルリア人社会のエリートに値する地位に達したということを示す大きな象徴的意味がある。宴会の食材としては、マグロのような魚類、野うさぎや鹿や鳥などの肉類で、特にイノシシが好まれていたようである。ぶどうはアラビア半島がそもそもの原産地だが、紀元前 9 世紀頃、エトルリア人がぶどう・ぶどう酒をイタリアにもたらしたと考えられている。

[48] 葬儀の最後に親類縁者は死者の魂が出席する豪華な宴会に招かれる慣習があった。

[49] ラッチェ（1982:13）

第3章
エトルリア語の文字体系

古代イタリア半島で使われていたアルファベット系文字を地理的に分類し（北部・中南部・中東部）、そのうち中南部イタリアに属するのが、エトルリア文字[50]・ラテン文字・ファリスク文字・ウンブリア文字・オスク文字・シケル文字である。

　エトルリア文字は、紀元前1千年期のイタリア北中部で栄えたエトルリア人によって用いられたギリシア系のアルファベットで[51]、紀元前7世紀から紀元前1世紀に及ぶ記録を残している。形状によって時代区分があり、紀元前6世紀以前のものは Proto-Etruscan alphabet「古期エトルリア文字」と、また、紀元前5世紀以降のものは Late-Etruscan alphabet「後期エトルリア文字」と呼ばれるのが慣例である。エトルリア人はイタリア半島で最初に文字を使用した民族で、現在のイタリアのトスカーナ地方（イタリア中部、州都はフィレンツェ）に住み、彼らはその地で豊かな文明を築き、質の高い絵画や彫刻などを残した[52]。その中には夥しい数の碑文が残されていて、そのテクストに使われている文字が形状としてはギリシア文字に近い[53]。エトルリア人は紀元前8世紀後半に、イタリア南部（ナポリ湾）のクーマエおよびその周辺に植民していたギリシア人から文字を借用したとみるのが定説である[54]。

50　通常は右から左に向かって読む。この書き方は、紀元前3世紀以降、ラテン語およびラテン文字の影響が強くなるまで変わらない。

51　紀元前8世紀にギリシア人がフェニキア人とコンタクトをもつようになると、ギリシア人としてのアイデンティティの拠り所であったホメロスの叙事詩など、それまで口承で伝えられてきていたものが、フェニキア人からフェニキア文字を借用することによって作成されたギリシア文字を使って、その内容を定着させることが可能となった。このアルファベットは言葉を書き留めることが可能となったことで瞬く間にエーゲ海に広がった。

52　エトルリアの壺と言われるものはギリシアからの輸入品であったかもしれず、ギリシア文字の使用とともにギリシア文化の強い影響を受けていることは確かである。

53　今なおエトルリア文字の正体は厳密にはわかっていない（それゆえ「エトルリアの謎」と呼ばれている）。

54　このギリシア文字とはギリシアの中でもエウボイア（ギリシアの東方、エーゲ海西部に位置する島のことで、ギリシアではクレタ島に次いで2番目に大きな島である）からイタリアへもたらされたもので、ギリシア文字の中でも西ギリシア型と言われるアルファベットのことである。
　　Kirchhoff（⁴1887）による文字形分類

「古期エトルリア文字」の中でも最古のものは、マルシリアーナ（Marsiliana d'Albegna、ジェノアの近く）で発見された象牙の文字盤（紀元前 7 世紀前半）である。これにはエトルリア・アルファベットの原型 26 文字が完全な形で保持されている。

　これは象牙の学習用書版の淵（上側）に書かれていて、エトルリア人はギリシア文字を忠実に受け入れていたことがわかる。ギリシア文字をモデルとしており、ここにエトルリア人の手によって改変が加えられた形跡はほとんどないと言ってよい。この文字列のうち、例えば B, D はエトルリア語では不要の文字ではある。なぜなら、有声閉鎖音の系列（b-d-g）はエトルリア語にはないからである。また、母音は / a, e, i, u / の 4 母音体系であるため、O という文字が使われることはない。なお、ギリシア語やセム語にないエトルリア語に特有な摩擦音 /f/ に対しては FH が用いられた。

　紀元 5 世紀以降に、エトルリア文字にはかなりの変容が加わり「後期エトルリア文字」の時期に入ることになる。具体的には、X が（やはり /ś/ の音価をもつ M との重なりから）姿を消し、また、摩擦音 /f/ を表わす文字として（FH に代わって）新しく数字の 8 に似た字形の文字がアルファベットの最後に付け加えられた[55]。

a) Archaic Script

Ａ	Ｂ	Ｃ	Ｄ	Ｅ	Ｆ	Ｉ	目	⊗	Ｉ	Ｋ	Ｌ	Ｍ
a	b	c	d	e	v	z	h	θ	i	k	l	m

Ｍ	田	Ｏ	Γ	Ｍ	Ｑ	Ｐ	Ｓ	Ｔ	Ｙ	Ｘ	Φ	Ｙ
n	š	o	p	ś	q	r	s	t	u	ś	Φ	χ

b) Late Script

Ａ	Ｃ	Ｅ	Ｆ	Ｉ	目	⊗	Ｉ	Ｌ	Ｍ
a	c	e	v	z	h	θ	i	l	m

Ｍ	Γ	Ｍ	Ｐ	Ｓ	Ｔ	Ｙ	Φ	Ｙ	8
n	p	ś	r	s	t	u	Φ	χ	f

　　■西方：クーマエ（Cumae、現在のイタリアのナポリ北西に築かれた古代ギリシアの植民市）・エウボイア。　■東方（イオニア・アッティカ・コリントス）■クレタ

55　この /f/ を表わす文字は、ラテン語・ヴェネト語には採用されておらず（この音があるにもかかわらず）、オスク語・ウンブリア語の文字列には入っている。これらアルファベットの成立時期の相違に由来するものと考えられる（松本 2001:174）。

古期エトルリア文字では一様に /k/ の音価を表わしていた C, K, Q の書き分けは廃れ、後期エトルリア文字では基本的に C だけに統一されるようになった[56]。なお、初期のエトルリア文字には、語の分かち書きがなかった（連続書体）が、紀元前 6 世紀以降、・あるいは：によって、語・音節を分ける書法が一般化した[57]。

　次のテクストは、ペルージアの境界石柱（キップス cippus）である（紀元前 2〜1 世紀）。中部イタリアのウンブリア州の州都ペルージアはエトルリア文明が栄えた町で、この石柱の 2 つの面には 46 行・130 語の銘文が刻まれている[58]。

　エトルリア語について、その文法の詳細はあまりわかっていない[59]。エトルリア語の言語文化に関し、確実に言えるのは次の諸点のみである。

①エトルリア語の文字はアルファベット大体系中の 1 変種にすぎないが、今日、世界で広く使われているラテン文字の形成に一役買った文字体系である。

②エトルリア語は今のところ既知の特定の語族と結びつかず、その結果として、この言語で書かれた銘文が十分には解読されていない。

③エトルリアの文献で今日まで伝わるものは 1 つもなく、手に入る古代の資料はギリシア・ローマの文人の著作のみである。

エトルリア人と括られる部族群はそもそも共通のアルファベットを使ってはいたが、共通の言語を話していたわけではなく文法も異なるいくつもの言語を用いていたと捉えるのが現実的で

56　表 a）、b）は、http://www.languagesgulper.com/eng/Etruscan.html（2021 年 11 月アクセス）より。
57　松本（2001:174–175）
58　内容はウェルティナ一族とアフナ一族との間の所有地をめぐる契約書である。
59　矢島（1999:88–89）：「今日知られているエトルリア語の刻文は、数万にも達する。1891 年にユーゴスラヴィアのアグラムで、エジプト製ミイラに巻いた布から見出された『アグラム遺文』として知られているものは、一二〇〇語もの単語を含んでおり、はかにもかなり長文のテクストが見つかっている。ところが、それにもかかわらず、いまもって完全な解読に達していないのだ」。

あるかもしれない。

　エトルリア語という言語の文法体系については、後の第4章「エトルリア語の文法」で検討するので、ここでは書記の体系に絞り、その系統関係に関する歴史的関連に関し考察することにする。さて、史実からも明らかなように、ギリシア人は海洋民族として地中海近辺で活動していたから、イタリア中部にいたエトルリア人に影響を与えたという可能性は十分にある[60]。同じく海洋民族であったエトルリア人も同様に海洋貿易で活躍し[61]、紀元前7・8世紀にギリシア人・フェニキア人の貿易商と覇を競っていた[62]。

イタリア内のエトルリア・フェニキア・ギリシアの支配地域[63]。一番濃くなっているのがエトルリア人の支配している地域。

　ギリシア人・ローマ人は、エトルリア人を海賊（交易を行いつつ機会があれば競合者の船や居住地を襲う海洋の民）として記している。実際、エトルリア人は、ギリシア人と、西方の人びと（ギリシア人から見ればバルバロイ）との間の中心的な仲介者としての役割を果たしつつ、都市の文化（＝書字術を含む文明）をイタリアをはじめとするヨーロッパの多くの地域の民にもたらしたのである[64]。併せて、エトルリア人は、カルタゴの住人であるフェニキア人と商業・政治の面で同盟関係にあり、フェニキアからの影響はエトルリア文化・芸術・宗教にとって重

60　ジャン（1990:68）:「壺などに刻まれたエトルリア文字は、ギリシア人の植民地であったカンパーニャ地方の都市クーマエで生まれたアルファベットであろうか、それとも、ギリシア本土のボイオティア地方のアルファベットをモデルにしたものであろうか」。

61　エトルリアの諸都市はその1つ1つが固有の性格・様式・独自性をもっており、エトルリア帝国などというものは一度も存在していない。

62　エトルリア文明は洗練された文化を有しており、地中海西部の最古の主要文明の1つである。現在知られている古代エトルリアの情報はローマから判明したものであり、それ以前のエトルリア社会は謎めいたものとみなされるのが通例である。

63　エトルリア（濃いグレー）・フェニキア（薄いグレー）・ギリシア（小さい四角の印）という区分である。

64　ギリシア人は、エトルリア人の支配下にあったイタリアの豊かな鉱物資源（鉄・銅）に惹かれて西方の植民地化を開始した。

大であった[65]。

　こうした諸文明同士のお互いの交流を背景にして、後代のローマのラテン文字が、その元を辿ればエトルリア文字に遡ることになるのを示したのが次の図表である（都市国家エトルリアも紀元前 3 世紀にローマに制圧される歴史である）[66]。

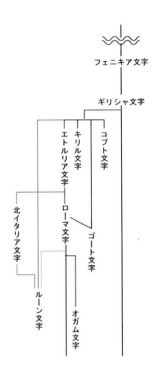

　さらに、具体的に文字の形状を比較しつつ図式化したのが次表である、すなわち、エトルリア文字を仲介として間接的にギリシア文字を継承したラテン文字を出発点として（一番右端に置いて）、古くフェニキア文字までを（左に進むにつれ）遡る、文字の形状の変遷経緯を示す図表である。この中、ギリシア語の場合、およそ紀元前 5 世紀に、17 の子音と 7 つの母音からなるアルファベットがあった。文字には大文字・小文字の 2 種があり、石などに刻まれる時には大文字が用いられ、パピルスや蝋盤に書く時には小文字が使われていた。ギリシア人は蝋を石盤に塗り鉄筆で文字を書いていた。

65　ボンファンテ（1996）
66　なお、小塩（2008:17）:「アルプスを越えて来襲したキンブリー族などゲルマン系の民族との接触があったと推測できる。これら北方のゲルマン人にエトルリア人から直接、文字が伝わった可能性もあり得ることである」という見解も参照のこと。

Phoenician (the Mesa alphabet and its variants c. 850 B.C.)		Greek (the Samos alphabet c. 660 B.C.)		Etruscan (Marsiliana c.800 B.C. and later variants)		Latin	
						Old-Latin	Classical Latin
Name	Sound value	Name	Sound value	Name	Sound value		
alf	guttural	alpha	a	a	a	(Old-Latin)	A
bet	b	beta	b	be	(b)		B
geml, gaml	g	gamma	g	ke, ka	k(g)		C
delt	d	delta	d	de	(d)		D
he	h	epsilon	(short) e	e	e		E
uau	w	uau	w	ve	v		F
zajin	z	zeta	z		z	–	Z
chet	kh	eta	(long) e		e		H
thet	th	theta	th		th	–	–
jod	j	iota	i	i	i	I	I
kaf	k	kappa	k	ka	k		K
lambd	l	lambda	l	el	l		L
mem	m	my	m	me	m		M
nun	n	ny	n	ne	n		N
semk, samekh	s (ks)	(ksi)	ks	(s)	ks	–	–
hayin	guttural	omikron	(short) o	o	(o)	O	O
pe	p	pi	p	pe	p		P
sade	s (ts)	–			s	–	–
qof	q	koppa	q				Q
rosh, resh	r	ro	r	re	r		R
shin	s (sj)	sigma	s	se	s		S
tau	t	tau	t	te	t		T
		ypsilon	y		u,y	V	V
		phi	f		ph	–	–
		khi (West Greek X=ks)	kh		s	–	X
		psi (West Greek kh)	ps		kh	–	
		omega	(long) o		–		–
					f		G
					s		Y

　文字の系統としては、古代イタリアの文字はすべてエトルリア文字から派生しており、先の図の赤線部が示す通り、ウンブリア文字・オスク文字・ファリスク文字・シケル文字がエトルリア文字の系列に入る[67]。1世紀のはじめ、北イタリア・アルプス地方には、いくつかのアルファベット、すなわちエトルリア文字の変種が実在していた。北イタリアの文字とは、古代レティア（Rätien）のアルプス地方およびポー川平野の東部で、紀元前5世紀から紀元後1世紀まで使用されていた文字のことである[68]。トスカーナ地方のエトルリア文字に近いので、北エトルリア文字と呼ばれることもある[69]。

67　ルーン文字は地中海の文字体系であるラテン文字・ギリシア文字・エトルリア文字もしくはそれらの組み合わせに拠っていることは確かだが、ルーン文字がどの文字に由来しているのか確たる意見の一致はない（ここでは色分けされた3種の線がこれを示している。Anderson (2005:1) : "It is clear that the runic characters were inspired in part by Mediterranean writing systems—Roman, Greek, North Italic, or possibly some combination of these—but there has been no firm consensus on this point."

68　エトルリア語の文書の量（万の単位）はウンブリア語やオスク語あるいはヴェネト語に比べても格段に多い。例えばウンブリア語の文書は数百にすぎない。

69　音韻上顕著な点は b, d, g 音に相当する文字をもたないことである。

	Rätische Alphabete			Lepontisch	Venetisch	Etruskisches Vorbild
	Bozen	Magrè	Sondrio			
a	ΛΛΛΛΛ	ΛVΛ	ΛᒣΛ	ᖋᖋＡＡ Λ	ΡＡ	Λ Ａ
e	ᖋᖋᖋ	ᖋᖋᖋ	ᖋᖋ	ᖋᖋᖋ	ᖋ	ᖋᖋ
v	ᖆᖆᖆᖆ	ᖆᖆ			ᖆ	ᖆᖆ
z		ⵣ ?	✶✶✶	✶	✕✕	✶✶✶
h	目	目			目目	目目
th	ⴵ	ⴵ ⴵ	∴ ?		⊙ ⊠	⊙ ⊗
i	I	I	I	I	I	I
k	Ƙ Ƙ	Ƙ Ƙ Ƙ	Ƙ	Ƙ Ƙ Ƙ	Ƙ	Ϲ Ϲ Ƙ
l	⅃	⅃	W	⅃	⅃	⅃
m	᙭	᙭ ᙭	W ?	᙭᙭᙭᙭	᙭	᙭ ᙭
n	ᖾ	ᖾ ∧∧	∧ᖾ ?	ᖾᖾᖾ	ᖾ	ᖾ ᖾ
o			ᗝ ?	ᗝᗝᗝᗝ	◇	
p	ᒣᒣᒣ		ᒣ	ᒣ	ᒣ	ᒣ ᒣ
ś (san)	ᙢ	ᙢ ᙢ	ᙢ	ᙢᙢᙢᙢ	ᙢ	ᙢ ᙢ
r	◁ ◁	◁◁ᖖ◁	◁ ◁ ◁	◁ ◁	◁	◁
s	ⵣ ⵣ ⵣ	ⵣ ⵣ ⵣ	ⵣ	ⵣⵣⵣ	ⵣ ⵣ	ⵣⵣⵣⵣ
t	✕ ✛ ✛	✕✛✛	✕	✕ ✛	✕ ✛	✛✛✛✛
u	V	∧ V	∧∧ ?	∨√∨∨	∧	∨∨∨
ph	Φ ᖰ Φ ?	Φ Φ Φ		Φ ?	◍Φᖰᖰ	Φ
kh	Ψ ↓ ↑	· Ψ		Ψ ↓	Ψ g ?	Ψ ↓
i̯,e̯				II ?	II	
ǫ		ⴵⴵ				

表の左側からレティア文字のボーツェン（Bozen）・マルグレ（Malgrè）・ソンドリオ（Sondrio）のアルファベットが示され、次にレポント文字・ヴェネト文字が続き、表の右端に、これら諸文字のモデルとなったとされるエトルリア文字が表記されている。

　北イタリアの諸文字の形状はお互いかなり類似している[70]。レティア人 Räter, イリュリア人 Illyrer, ヴェネト人 Veneter 等のアルプス地方の諸民族を地理的に見ると、

1. レティア文字（ケルト語・レティア語を筆写する）
   1）ボーツェン（Bozen）・マルグレ（Malgrè）・ソンドリオ（Sondrio）のアルファベット
   2）レポント文字（ルガノ Lugano の文字）
2. ヴェネト文字[71]
   印欧語のヴェネト語を筆写するのに用いられた。

70　エトルリア文字からヴェネト文字が生まれ、さらにヴェネト文字からレティア文字が生まれたという経緯が想定されている。
71　ラテン文字と混交しながらかなり長い間、生き延びた文字である。

の通りで、これら全体で 500 弱の銘文（大部分は短い献辞）を残している（紀元前 400 年〜紀元後 200 年）[72]。北イタリアの諸文字は確かに紀元前 2 世紀頃からラテン文字の強い影響を受けることになる[73]。

　北イタリアの文字に見られる諸特徴は以下のようである[74]。

　　1）書く方向が①左から右へ②右から左へ③牛耕式の 3 種類である。

　　2）いくつかの点あるいは垂直線を引く句読法を用いる。

　　3）「〜が－を作れり」タイプの銘文が多い。

　　4）二重子音が単子音で書かれる正書法である。

　　5）エトルリア語・ヴェネト語にアルファベット一連（すべての文字を一列に並べた文字列のこと）の銘文がある。

　現在のオーストリア・スイス・イタリアの山岳地帯に広がる「レト・ロマンス語」圏あたり、つまりグラウビュンデン州近辺の先住民の系統・由来に関して決定的なことはあまりわかってはいないが、レト・ロマンス語は、少数言語でありながらも根強い文化基盤を有しており、およそ 2000 年もの間、独自の歴史を誇っていることがわかっている。現在、レト・ロマンス語のうち、スイス連邦内の言語はロマンシュ語と称され[75]、スイスの国語・公用語であり、スイスの

72　エトルリア語とレティア語を同系の言語とみなす考え方（Rix 1998:5 „Hypothese, daß Etruskisch und Rätisch verwandte Sprache sind.“）は、古く伝統的でもあり、また今日的でもある（„ebenso alt wie aktuell“, Rix 1998:7）。形態的な語形についても両言語に共通の祖形をたてることにより説明が可能という：„Die Hypothese eines gemeinsamen Ursprungs der beiden im Rätischen und im Etruskischen gleich lautenden Formen erfordert eine Zusatzhypothese über die Entwicklung der in beiden Sprachen verschiedenen Bedeutung aus einer gemeinsamen Grundbedeutung.“ (Rix 1998:44)。あるいは Rix (1998: 60): „Rätischen und Etruskisch sind aus ein und derselben Grundsprache hervorgegangen.“ も参照のこと。

73　エトルリア系の北イタリア文字がキリスト教の伝来以前にゲルマン人の一派のマルコマネン人（Markomannen、ボヘミア）によって北方へもたらされ、ルーン文字が誕生する下地ができあがったと考えることもできよう。北イタリア文字がラテン文字から D, R, C, B, F, T, E を借用したとして、ゲルマン語への伝播を紀元前 1 世紀頃と考えれば、全般的に筋の通った自然な説明となる。同時に、視覚的な形状の類似性が認められるということの他に、文化史上の流れも確認される（『言語学大辞典』別巻「世界文字辞典」S.1137）。

74　ルーン文字の書記上の特性と、これら 1〜5 のような諸点が共通している（谷口 1971:27−30）。

75　「レト・ロマンス語」の一部を形成する「ロマンシュ語」（スイス連邦の新憲法（2000 年）の第 4 条でも「ドイツ語・フランス語・イタリア語・ロマンシュ語を国語と規定する」と定められている）とは、スイスで話されているレト・ロマンス系諸方言（Idiome、通常「方言」と呼ばれるものはロマンシュ語ではこのように idiom と称される）の総称である。行政区でいうとグラウビュンデン（Graubünden ＝ GR）州に限られ、州内の 5 つの渓谷ごとに 5 つの言語態が並存している。GR 州では、一つのコミュニティーに 1 つの言語という領域性原理は機能していない。つまり、この地方は〈ドイツ語圏〉：ドイツ語のみ、〈ロマンシュ語圏〉：ロマンシュ語・ドイツ語、〈イタリア語圏〉：イタリア語・ドイツ語・ロマンシュ語といった使用状況である。スイス連邦全体では今日、ドイツ語（490 万人）・フランス語（150 万人）・イタリア語（50 万人）およびロマンシュ語（3 万 8 千人）の 4 つが「国語」となっている。連邦憲法（第 116 条）でスイス連邦の「公用語」はドイツ語・フランス語・イタリア語であるとされていたが、1996 年の国民投票でロマンシュ語も公用語の地位が認定された（賛成率 76％）。

文化に少なからず貢献しているわけであるが、アルプス山中のロマンシュ語圏の文化は、その渓谷と山が多い地理的条件、独特な歴史がその言語に強く影響を与えていることで知られている[76]（スイス連邦外のイタリア・アルプスに、レト・ロマンス語系のラディン語・フリウリ語が分布している）[77]。レト・ロマンス諸言語の総称は実に「レティア語」と呼ばれている謎の言語に由来するとする学説もある（Deplazes 1987:10）。もっとも 1990 年代にレティア民族の同質性を疑う見方（Wanner 2012:79）も提出され、そのような祖語的な言語の存在も問い直すべきではある。それにしても、レト・ロマンス語と言う際の「レト」はケルト系のレト族が住む土地「レティア」という名に由来するのは間違いない。現在のスイス・グラウビュンデン州に当たる地域周辺に、紀元前、つまりローマ時代以前、どのような民族が生活していたのかは明らかではないが、ロマンシュ語に残っている、ラテン語にもゲルマン語にも由来しない語彙があるという事実は言語学的に解明が俟たれる点ではある[78]。

　実際のところ、レティア人について従来さまざまな説があった[79]。これまで長い間、単一の民族で、ケルト人あるいはセム系民族であったのであろうと考えられてきた。古代にアルプス山脈で生活していたと思われるこの民族は、東アルプスの諸民族の先祖と想定されていた[80]。ただ、最新の研究によると、「レティア人」は、単一の民族ではなく、文化的にも政治的にも関連性が極めて低い諸民族の総称であったのではないかと言われている（Wanner 2012: 79）。このように、スイス・北イタリアのレト・ロマンス語の由来を巡る議論は未だ片が付いているわけではない。

---

[76]　1970 年代以降、いわば人工的に統一的な正書法を作り、共通の文語を作り上げようとする動きがある。グラウビュンデン（GR）州で公用語とされ、学校教育の現場へ導入されようとしているロマンシュ・グリシュン（Rumantsch Grischun）である。ただ、ロマンシュ語の各方言話者は「グリシュン・ロマンシュ語」を受け入れようとはしていないというのが現状である。すなわち、現実的に差し迫った課題として、日常的な言語使用の場面（例えば、学校・メディア等）で、どの言語・方言を用いるか、おのおのの話者個人レベルで決めなければならないという問題がある。実際には、ロマンシュ語の各方言（Idiome）の話者が 5 つの方言域の独自性に拘らず、大同団結して進まなければロマンシュ語の行く末は望めないかもしれない（世界の他の地域の少数言語の生き残りを賭けた闘いに鑑み、社会言語学的に見ると、この帰結は自然なものであると言わざるを得ない。言ってみればエスペラント語〈ラテン語あるいは東欧の諸言語を軸に人工的に作られた言語〉のような余裕はないのである）。

[77]　イタリアとスイスのレト・ロマンス諸言語の共通性の問題はいまだ議論の的となっている（Blättler 2007:7–9）。政治的にも、イタリアとスイスにおけるレト・ロマンス諸言語は本来、別々であったため、まったく違う風に発達してきた。最も話者数が多いレト・ロマンス言語は、北イタリアのフリウリ・ヴェネツィア・ジュリア自治州（Friuli Venezia Giulia）にて 60 万人以上が話すフリウリ語（Furlan）である（Blättler 2007:130–40）。さらには、南チロル州におけるドロミテ語があるが（Gross 2004:14）、いずれも明らかにイタリア語とは異なり、話者のアイデンティティにとって重要という社会的地位はあるものの、行政的には全く使われず、また学校教育でも微かにしか用いられていない（Blättler 2007:91）。イタリアのレト・ロマンス諸言語は 1999 年の 482 号法律により、守るべき少数言語として国家によって認識されるようになったのだが（Maraschino und Robustelli 2011:76）、それでもいまだに弱い立場にある。ドロミテ語は、政治的に分裂しており（また自分たちの政治的代表がいないため）特に立場が弱い。それでも、ポスト・コロニアルのヨーロッパは少数民族やその言語の理解が深まっており、北イタリアのレト・ロマンス語圏の人たちも積極的に自らの文化を育てようとしている（Blättler 2007）。

[78]　ローマ時代以前の言語文化を復元する作業は困難を伴う。

[79]　古代ローマの自然科学者の 1 人として有名なガイウス・プリーニウス・セクンデュスの文献に「山の民族」レティア人について書かれている箇所がある。

[80]　このテーマについては Wanner（2012）を参照のこと。

いずれにせよ、レト・ロマンス語の背景に非ラテン語的な要素があることは確かである。考古学的にも、北の地域やスルセルヴァ谷においてケルト文化の遺跡が、南に向かう谷においてゴラセッカ文化（Golasecca）の遺跡が、そしてエンガディン地方においてレティア文化の遺跡がいくつか見つかっている（Deplazes 1987:3–10）。レティア人の言語に関しては今日に至ってもあまりにデータが乏しく、どの語族に属するのかさえ判断がついていない[81]。このようにレティア人の真相は今なお明らかにされてはいないとは言え、次のような言説が語られている：「レティア人はエトルリア人の子孫であり、ガリア人によって追い立てられた際、その大将レトゥスの下でアルプス山脈の奥へ逃げ込んだと思われている。[...] レティア民族の中ではヴェンノネースィ族とサルネーティ族がライン川の泉の辺りにおける [...]」。いずれにしても、イタリア半島における孤立した言語とみなされてきたエトルリア語が、オーストリア・スイス・イタリアにまたがるレト・ロマンス語と関係があるとする学説は学術的に興味深い[82]。

　さて、ここまで見てきたように、エトルリア人はローマが勃興する前からイタリアに多くの都市国家を築き[83]、今日のヨーロッパ文化にエトルリアが与えた影響は大きい。本章のテーマである文字体系の変遷経路に関して振り返ってみても、ローマがギリシア文化を取り入れた際、文字など文化的な面に限れば直接ギリシアからではなくエトルリアを通してである。エトルリア文化はローマに吸収されて今日に伝わっているという意味では、エトルリアはヨーロッパ文化の基礎を形成しているとも言えよう。

　上で見たエトルリア最古の文字盤の表（マルシリアーナ Marsiliana, 本稿の 15 頁）が示すように、紀元前 7 世紀にはエトルリア語の文字化がなされていたという歴史は、たとえ、それがギリシア文字の改良であったにしても、自国語に適した文字の使用として、諸文明の中でもかなり早い時期のものである。次章では、その文字（エトルリア文字）で表わされる言語（エトルリア語）そのものは、どんな言葉であったのか、その実態に迫りたい。

タルクィニアの「寝椅子の墓」に描かれた踊り手（紀元前 470 年頃）[84]。

81　印欧語族ではなくセム語族に属するとみなす説もあるくらいである（Deplazes 1987:13）。
82　オースティン（2010:246）
83　Bonfante（2002:2）
84　二人は美しく着飾ってあの世への踊りを踊る。

第4章
エトルリア語の文法

SAMЯƎIIIVFƎƆƎVUVMƎИIM[85]
科学的なエトルリア学の時代に入ったとはいえ、発見
にはロマンチックな心情がつきものだ[86]。

　エトルリア文明は、その民族・言語の起源がいかなるものであったにしろ、イタリアの土壌
で発達したものであることは確かである[87]。今エトルリア人と言われている民族は、中部イタリ
アにおいて、有史以前の青銅器時代の末期から鉄器時代を経て、自ら固有の文化や社会機構や
経済をもった「エトルリア人」として知られる歴史時代の民族へと変容していったのである[88]。
根本的に、歴史時代のエトルリア人がその文明の形成を、純粋に単一の要因によって説明でき
ると想定することにそもそも無理があったと言えよう。イタリア（初期）鉄器時代である「ヴィ
ラノーヴァ期」（紀元前9世紀頃）を含む土着の要素が明確に存続していることは間違いなく、
一方、同時に外来の要素を度外視することもできない[89]。つまり、元来、さまざまな要素から出
発し、いろいろなプロセスを経て、今、知られているエトルリアの姿があるというわけである。
ブリケル（2009）は、次のように、別の民族の例を用いて説明している。すなわち、現在のフ
ランス人は、今フランスのある地にガリア人・ローマ人・ゲルマン人が相次いで到来し、それ
らの民族的諸要素が混合・結合してできあがったもので、この構成要素のいずれか1つの要因
に還元することはできないのと同様であるという見解である[90]。
　確かに、今のところ、エトルリア語は既知のどの言語とも親縁性がないとされている[91]。しか

85　エトルリア語は右から左に読むので、このエトルリア語の文は MINEMULUVECEAVILEVIPIIENNAS となり、
　　MINE　MULUVECE　AVILE VIPIIENNAS
　　私を　　与えた　　　〈人名〉
　　と分節される。

86　テュイリエ（1994:50）

87　たとえエトルリア人が小アジア起源であったとしてもである。小アジア南西部の諸言語（リュディア
　　語・リュキア語など）は、少なくとも20世紀半ば頃までは、印欧語にも、あるいは、セム語にも属さ
　　ない独自の語族と見られていた。松本（2014:417）によれば、エトルリア語は「実は『印欧アナトリア
　　語派』のれっきとした一員であることが判明した現在では、ヘロドトス以来の小アジア移住説を素直
　　に解釈すれば、エトルリア語＝印欧語という見方も当然出てくるし、実際にまた、この言語をヒッタ
　　イト語と引き合わせて全面的に解説するという試みもすでになされている」。

88　ボンファンテ（1996:13）

89　テュイリエ（1994:53）：「エトルリア文明は、エルバ島の鉄に引き寄せられてやって来たギリシアの入
　　植者と地元の人間との接触によって、イタリアの地で開花したということである」。

90　ブリケル（2009:35–36）による。こうした見方は、1947年のパロッティーノの『エトルリア人の起源』
　　に基づくものである。

91　矢島（1999:90ff.）：「未知の言語に対する好奇心はいつの時代にもあり、今日でもエトルリア語の謎に
　　挑む人びとはあとを絶たない」。

しながら、エトルリア語がインド・ヨーロッパ諸語が確立される以前に地中海沿岸で使われていた諸言語の基層に属するものと考えてほぼ間違いない[92]。実際問題として、エトルリア語で書かれた銘文が未だに十分には解読されておらず[93]、エトルリア語の言語遺物は何千に達するといっても、その多くは似たり寄ったりの墓碑銘であるという点が挙げられる。

 "The Etruscans adopted writing, and left behind them thousands of inscriptions, but no literature."
 (Bonfante [2]2002:5–6)

エトルリア人の墓から出土する考古史料の膨大な数に比べるなら、文字資料が少なく、エトルリア人自身が書いた文献資料は皆無という、ギリシア・ローマ文化とは大きく異なる状況である。おそらく、このことが今も「謎のエトルリア文化」という言葉になお私たちが現実味を感じる理由なのではないだろうか[94]。
 概して次の一節が研究の現状を伝えていると言えよう。

 „Die Wirklichkeit […] in der Erforschung des Etruskischen, das uns zwar immer noch schwere
 Probleme aufgibt, aber längst kein Rätzel mehr ist." (Pfiffig 1984:11)

こうした視点を踏まえながらも、現段階で明らかになっているエトルリア語の文法の特性を[95]、その系統関係も加味して、言語学的項目ごとに記述すると以下の通りである[96]。

---

92 ブリケル（2009:9）

93 ボンファンテ（1996:5）

94 テュイリエ（1994:46）。確かに、エトルリア語と同系統の言語と想定されている言語に、レムニア語、および、アルプスのラエティア語があり、この3言語をまとめてティルセニア語族と称することもある（エトルリア語とレムニア語の言語圏は確かに非常に離れていて、それゆえ、仮説として、もともと東方で話されていた言語が西に移動してエトルリア語になったとか、逆にイタリアに原郷があってレムニア語の話者が東に移動したという考え方がある）。レムニア語・ラエティア語にはどちらも極めて限られた資料しか存在しないが、知られている限りではエトルリア語に非常に近く、互いに理解できたとも考えられている。レムニア語はエーゲ海北東部のレムノス島で使われていた古代語で、次の墓碑（レムノス）が現存している（https://ja.wikipedia.org/wiki/%E3%83%AC%E3%83%A0%E3%83%8B%E3%82%A2%E8%AA%9E 2021年11月アクセス）。

1885年にレムノス島のカミニアで発見された石碑で、紀元前6世紀後期のものとされている。戦士の像と共に記され、98文字、33の単語が記されている（https://ja.wikipedia.org/wiki/%E3%83%AC%E3%83%A0%E3%83%8B%E3%82%A2%E8%AA%9 2021年11月アクセス）。

95 FioraとPagliaという川を境界に、北エトルリア語・南エトルリア語の区分がある。南エトルリア語はラテン語への吸収が早く進んだ。一方、北エトルリア語は相対的に長く自律性を維持していた。

96 エトルリア語の研究で知られる人物に、皇帝クラウディウス（紀元54年没）や戯作家ウォルニウスがいる（オースティン 2010:246）。

1. 音構造

　母音については、/o/ が欠けた 4 母音体系である（/a e i u/）[97]。語中における母音の弱化・消失が著しく（例：Menelaos > Menle）、語頭に強弱アクセントがあったと推定されている。また、二重母音としては、ei, ai, au, ui がある。

　子音に関し、閉鎖音の系列（無声音・有声音・無声帯気音）のうち有声音（b-d-g）はなく、次表の通り、無声無気音と無声帯気音の対立関係がある。破擦音として、s と ś の区別がある。また、摩擦音 /f/ を表記する、数字の 8 に似た形状の文字がある。

	両唇音	歯茎音	硬口蓋音	軟口蓋音
閉鎖音	p, pʰ	t, tʰ		k, kʰ
摩擦音	f	s	ʃ	
鼻音	m	n		
流音		r, l		

2. 名詞類

　名詞には、単数・双数・複数の数の区分がある[98]。格は、主格・対格・属格・与格・奪格[99]・位格・具格・呼格[100] からなる。

　主格の例を、在証されているテクストの中から実例として示すならば次のようである。

> eca　　 sren　 tva　　 iχnac　　　 hercle［…］
> この　　絵が　 示す　 いかに　　 ヘラクレスが
> 「この絵は、いかにヘラクレスが［…］を示している」

属格には 2 種類の語形があり、① -s/-ś 型、② -(a)l 型である。

> fler「聖像」→ fler-ś「聖像の」（属格）
> rasna「民衆」→ rasnal「民衆の」（属格）

　次に clan「息子」をサンプルとして曲用の概観を示すと、まず複数形の標示は -(a)r, -er, -ur, -r という接尾辞によってなされ、

97　古く小アジアからエーゲ世界の諸言語（例：ヒッタイト語・ミノア語）に共通する特徴である。

98　文法性について言えば固有名詞（人名）に関しては一定の傾向がある。男性名は通常、子音または -e で終わるのに対し、対応する女性名は -i および -a となる。Larth : Larthi や Aule : Aula などである。なお、3 つの名からなる命名法（名家の出であるローマの人物）、例えば、ガイウス（個人を表わす第 1 名）・ユリウス（個人を表わす第 2 名）・カエサル（家名）はエトルリア語に由来する（オースティン 2010:246）。

99　-em の語尾をとる。

100　主格と同形である。

clan「息子」（単数）：clen-ar「息子たち」（複数）
ais「神」（単数）：ais-er「神々」（複数）

となり、

ci clen-ar「3人の息子たち」（複数）

等と表現される[101]。ただし、複数語尾は必ずしも義務的ではなく、数詞を伴う名詞においては省略されることもしばしばある。

ci avil「3年」（単複同形）
śa śuthi「4つの墓」（単複同形）

格の標示も接尾辞によってなされるが、基本的に主格・対格の区別はされず、共に無標のゼロ格で現われる。

例：clan「息子」

	単　数	複　数
主格	clan	clen-ar
属格	clen-s[102]	clen-araśi
与格	clen-śi[103]	clen-ar-śi
対格	clan	clen-ar
位格	clen-thi	

数（複数のマーカー：-er など）の標示の後に、格を示す接尾辞が付く。例えば、

methlum 　　「国」（単数主格）
methlum-er-ś「国々の」（複数属格）

ais 　　「神」（単数主格）
eis-er-aś「神々の」（複数属格）

接尾辞のうち特徴的なものを挙げれば、-l は、人または体の部位を示す、属格・与格・位格のマーカーであり、-al は所有を表わす。

101　いわば膠着語的である（オースティン 2010:246）。
102　別形として、-ś, -(a)l がある。
103　-i という語形もある。

以下、文法性（男性・女性・中性）[104] にしたがって、名詞の曲用についてまとめてみる。

名詞
曲用

e 語幹

e 語幹（男性）	単数	複数
主格	-ś	-ś
属格	-eś, -es	-i
与格	-e	-am, -m
対格	-	-an

e 語幹（中性）	単数	複数
主格	-θ, -eti	-a, -ir
属格	-iś, -is	-i
与格		-am
対格	-θ, -eθ, -iθ	-a
位格		-eśi, -esi

ia 語幹

ia 語幹（男性）	単数	複数
主格	-eis	
属格	-eiś, -eis	
与格	-ia	
対格	-i	-ian

例：Marcia, Titia, Cvintia（固有名詞）

ia 語幹（中性）	単数	複数
主格	-i	-ia
属格	-is	
与格		
対格	-i	-ia

---

104 数・格という文法カテゴリーに比べると、性は紀元前7世紀に新しい範疇として加えられたものである（固有名詞）。

ua 語幹

ua 語幹（男性）	単数	複数
主格		
属格		-ui
与格	-ve	
対格		

ua 語幹（中性）	単数	複数
主格	-iv	-ua
属格	-veś	-vei
与格	-va, -ua	
対格		

a 語幹

a 語幹（女性）	単数	双数	複数
主格	-a		-ac, -ec
属格	-as, -aś, -es		-au
与格	-i		-um
対格	-ai		-as, -eθ, -es, -ec

例：ara「祭壇」、tuta「都市共同体」、ula「灰皿」、thaura「雄牛」Rasna「エトルリア人」

ie 語幹

ie 語幹（女性）	単数	双数	複数
主格	-i	-i	
属格	-ies, -iuθ	-ieis	-ia
与格	-iai	-ia	
対格	-ia	-iei	

例：eie「墓」

i 語幹

i 語幹（男性）	単数	複数
主格		-eis
属格	-is, -i	-ei
与格	-a, -i	-im
対格	-i	

例：uvi「羊」、pachauati「地方居住者」

i 語幹（女性）	単数	複数
主格	-s	
属格	-aiθ	
与格	-ai, -i	
対格		

u 語幹

u 語幹（男性・女性）	単数	複数
主格	-uś, us	-us
属格	-auś, -aus, -ur	-ui
与格	-au	-um
対格	-u	-uns
具格		-um

例：cenu「料理」、aisaru「神」、lupu「画家」

u 語幹（中性）	単数	複数
主格	-u	
属格	-uś, -us, -s	
与格		
対格	-u	
具格		
位格	-uφ	-usi

例：fanu「墓」、eplu「饗宴」

弱変化（その 1）

n 語幹（男性）	単数	複数
主格	-a	
属格	-nś	
与格	-in	-am
対格	-an	
具格	-e	

弱変化（その 2）

n 語幹（男性）	単数	複数
主格		
属格	-neś	-ne
与格		
対格		

弱変化（その3）

n 語幹（女性）	単数	複数
主格	-e	
属格		-ene
与格		
対格	-en	-uns

弱変化（その4）

n 語幹（女性）	単数	複数
主格	-ei	
属格		-ine
与格	-in	
対格	-en	

弱変化（その5）

n 語幹（中性）	単数	複数
主格	-e	
属格		-ne
与格	-in	
対格	-e	-una
位格	-in	

r 語幹

r 語幹	単数	複数
主格	-er	-ir, -ar
属格	-rs, -ra	-rai, -re
与格	-r, -er	
対格	-er	-ir, -ar
具格	-eri	

例：pater「父」、uthur「創始者」

形容詞

形容詞は名詞に先行したり、

vaxr   lautn 「弱い人間」
弱い   人間

名詞の後に置かれたりする。

arθ　　　vaxr　「小さい指関節」
指関節　小さい

曲用
「強変化」

a 語幹

a 語幹（男性）	単数	複数
主格	-s	-ai
属格	-is	-ais
与格		
対格	-na	-as, -aś

a 語幹（中性）	単数	複数
主格		
属格	-es	
与格		
対格		-a

a 語幹（女性）	単数	複数
主格		
属格		
与格	-ai	
対格	-a	-es

ia/ie 語幹

ia/ie 語幹（男性）	単数	双数	複数
主格			
属格			-eis
与格			
対格			

ia/ie 語幹（中性）	単数	双数	複数
主格			
属格	-ias		
与格	-ie		
対格	-ie	-ia	-i

ia/ie 語幹（女性）	単数	双数	複数
主格			
属格			
与格			
対格	-ei		

-ua/va 語幹

-ua/va 語幹（男性）	単数	複数
主格	-us	-vai
属格		
与格		
対格		

-ua/va 語幹（中性）	単数	複数
主格		
属格		
与格	-ve	
対格	-va, -ve	-va
位格		-va

-ua/va 語幹（女性）	単数	複数
主格		
属格		
与格	-ue	
対格	-va	

u 語幹

u 語幹（男性）	単数	複数
主格	-us	
属格		
与格		
対格		

u 語幹（中性）	単数	複数
主格	-u	
属格	-us, -uś	
与格		
対格	-u	

u 語幹 (女性)	単数	複数
主格		
属格		
与格		-ei
対格		-ia

「弱変化」

n 語幹

n 語幹 (男性)	単数	複数
主格	-a	
属格		
与格	-in	
対格	-an	

n 語幹 (中性)	単数	複数
主格	-e	
属格		
与格	-in	
対格	-e	

n 語幹 (女性)	単数	複数
主格	-e	
属格		-ene
与格		
対格	-n	

-ia/-i/-u 語幹

-ia/-i/-u 語幹 (男性)	単数	複数
主格		
属格		
与格		
対格	-ian	

-ia/-i/-u 語幹 (中性)	単数	複数
主格		
属格		
与格		
対格	-ie	

-ia/-i/-u 語幹（女性）	単数	複数
主格		
属格		
与格		
対格		

分詞の曲用

現在分詞

n 語幹（男性）	単数	複数
主格		
属格		
与格	-in	
対格		

n 語幹（中性）	単数	複数
主格		
属格	-enθ	-ena
与格	-(θ)in	
対格		-una
位格		-eni

n 語幹（女性）	単数	複数
主格	-ei	-inθ
属格		
与格		
対格	-ei	

過去分詞（強変化）

-ia/-i/-u 語幹（男性）	単数	複数
主格		-ai
属格		
与格		
対格	-na	

-ia/-i/-u 語幹（中性）	単数	複数
主格		
属格		
与格		
対格	-n, -ite	-aim

-ia/-i/-u 語幹（女性）	単数	複数
主格		
属格	-es	
与格		
対格		

過去分詞（弱変化）

-ia/-i/-u 語幹（男性）	単数	複数
主格		
属格		
与格		
対格		

-ia/-i/-u 語幹（中性）	単数	複数
主格		
属格		-ni
与格		
対格	-e	-ne
具格	-na	

-ia/-i/-u 語幹（女性）	単数	複数
主格		
属格		-ene
与格		
対格		

比較級・最上級

形容詞の比較級・最上級はそれぞれ次のような語尾を付ける。

比較級：-ze, -za, -isa, -śtreś

（例）halx-*ze*

halx-*za*

śpan-*za*

最上級：-śtś, -śθ[105]

現在分詞・過去分詞

現在分詞：-nt, -nte, -ane, -une

過去分詞：-en, -ne, -na

105　ゴート語の -ists に相当するとする説もある（Nesbitt 2002:96）。

数詞

基数詞・序数詞ともに格変化が見られる。

基数詞

例	「2」	「60」	「50」
主格	θui		
属格		cealxuś, cealxus	cialxuś
与格			
対格	θui	cealx, cealxuz	

表の中の cealxuś のように、数詞が名詞として用いられ属格の形態をとる。

序数詞

	例：「2番目の」
主格	
属格	
与格	θuim
対格	θuiu

代名詞

主格・対格の区別は代名詞で明確に見られる。例えば人称代名詞で、主格「私が」：mi、対格「私を」：mini といった具合である[106]。

人称代名詞

1人称	単数	複数
主格	mi	
属格		
与格		
対格	mini	

mi（主格「私が」）、mini（対格「私を」）が在証されるのは主に紀元前 6 世紀以前の古期のテクストにおいてである。例証としては、

mi　　θanχvilus
私が　所有（者）
「私が〜の所有者である」

106　Pfiffig (1984:21)：„Gewisse Ähnlichkeiten mit dem Indoeuropäischen, besonders bei den Pronomina, sind nicht zu leugnen." 「有史以前の古い時代か印欧語化され、とりわけ代名詞に影響が及んでいる可能性がある」。

mini   mulveneke   velθur   pupliana
私（容器）   贈った

「私[107]を Velθur が Pupliana に贈った」

2人称	単数	複数
主格		
属格		
与格		iśvel
対格		

3人称（男性）	単数	複数
主格	-xe	hia
属格	xiś	
与格	xim, xiem	icni
対格		

3人称（女性）	単数	複数
主格		ceia
属格		hia
与格		
対格	cei	

3人称（中性）	単数	複数
主格		
属格	ital	
与格		
対格	ita	

人称代名詞（接尾辞式）

3人称（男性）	単数	複数
主格		
属格		
与格		
対格		

107　人称代名詞が物（この場合は「容器」）を指し示している。

3人称（女性）	単数	複数
主格		
属格		
与格		
対格	-cei	-śiiane

3人称（中性）	単数	複数
主格		
属格		
与格		
対格		-xiia

再帰代名詞

男性	単数	複数
主格		
属格		
与格		
対格		

女性	単数	複数
主格	śixaiei	
属格		śixaciiul
与格		
対格		

中性	単数	複数
主格		
属格	śic	
与格	svem	
対格	svec	

所有代名詞

3人称（男性）	単数	複数
主格		
属格		
与格		
対格		

３人称（女性）	単数	複数
主格		
属格		
与格	iśuma	
対格	iśum	

３人称（中性）	単数	複数
主格		
属格		
与格		
対格		

指示代名詞[108]

「この」・「その」（男性）	単数	複数
主格		
属格	θesas	
与格		
対格	θesan	θesane
具格	θesnin	

「この」・「その」（女性）	単数	複数
主格		
属格	esera	
与格		
対格		
具格		

「この」・「その」（中性）	単数	複数
主格		
属格	eses	
与格		
対格		
具格		

---

108 特に「人」およびその所有物を指す場合には次の語形が用いられる。

「この」・「その」（男性）	単数	複数
主格	ta	
属格	teiś, tei	tei
与格		
対格		

「あの」（男性）	単数	複数
主格		
属格	zac	
与格	zax	
対格	zec	

「あの」（女性）	単数	複数
主格		
属格		
与格		
対格		

「あの」（中性）	単数	複数
主格		
属格		
与格		
対格		

関係代名詞

	単数	複数
主格		
属格	ca	
与格		
対格	catica	

3. 動詞類

　動詞の語幹、例えば tur-「与える」に -u や -ce などの語尾が付けることにより活用形が作られる。

　　tur-u「与える」（現在形）：tur-u-ce「与えた」（過去形）

以下、動詞の屈折活用形をまとめると以下の通りである。

現在
　直説法
　　　　　単数　　　　双数　　　　複数
　1.
　2.　　　-is
　3.　　　-iθ / -θ

仮定法

	単数	双数	複数
1.			-ima
2.			
3.			

命令法

	単数	双数	複数
1.			
2.	-t	-ts	
3.			

受動態は、次の通りの語形である。

直説法

	単数	双数	複数
1.			
2.	-(a)śa, -asa		
3.	-te		

仮定法

	単数	双数	複数
1.			
2.			
3.	-ase		

未来時制は通常、現在形で表わされるが、次のような語形（-tnam）もある。動詞の語根に -tnam「〜することになっている」を付け、

pu-tnam「膨らむであろう」（pu：「膨らむ」）

弱変化動詞は、以下のように 4 つに区分される。

第 1 弱変化動詞
　直説法

能動態

	単数	双数	複数
1.			
2.	-is		
3.	-iθ, -θ		-θ

受動態

	単数	双数	複数
1.			
2.	-iasa		
3.			

第 2 弱変化動詞
直説法

	単数	双数	複数
1.			
2.			
3.	-uθ		-uθ

命令法

	単数	双数	複数
1.			
2.	-a, -e		
3.			

第 3 弱変化動詞
直説法
受動態

	単数	双数	複数
1.			
2.			
3.	-te		

第 4 弱変化動詞
直説法

能動態

	単数	双数	複数
1.			
2.	-n		
3.			

be 動詞（etnam）は、以下のようである。

直説法

	単数	双数	複数
1.			
2.	araś		
3.	sin, ama, ame		ara, ar

仮定法

	単数	双数	複数
1.			
2.			
3.	amce		

4. 不変化詞類

前置詞

名詞の後に置かれることもある。「動作」を表わす場合は名詞の対格と、
また、「静止」を表わす場合は名詞の与格と用いられる傾向がある。

af「〜の中から」
an「〜の上に」
anc「〜の（頂）上に」
aper「〜を越えて、〜から離れて」
in「〜の中へ」
inc「〜の中で」
naxva「〜の隣に」
perpri「〜を通って」
ananc「〜の頂上で、〜の頂上から」
cisva「〜の側から」
ininc「〜の内側で」

接続詞

> avil「～の間に、～する一方」
> na-naa「～でなければ、－ない（相関的に）」
> ipa「～の時に、こうして、その結果」
> ipe-ipa「～する、まさにその時に（相関的に）」

5. 統語論・語形成

基本語順は SVO[109] であるが、格標示があるため、語順に一定の自由度がある。基本的に接尾辞を付加する「膠着語」的タイプである。

名詞などで複合語を形成する場合がある（例：hareutuśe「相続人・子孫」）。接頭辞としては、avθ-「再－」、es-「（～から）出（る）－」、tra-「（～を）通（る）－」などがある。また、接尾辞には、方法・場所を示す -cve, -cva, -xve, -xva や類似性を表わす -lxne がある。

6. 語彙[110]

これまでに知られているエトルリア語の語彙数は確かに多くはないが、数詞や親族名称など重要な基礎語彙が含まれてはいる。

数詞に関しては、賽子（1～6 の数詞が記されている）が古く発見され、早期から個々の数詞をめぐる研究はかなり進んでいると言える。現在、これら 6 つの数詞の意味は確定し、数詞関係では、-alc, -alx が 10 の倍数を示す語尾、および、-is が序数を形成する語尾であることがわかっている。

> thu「1」、zal (esal)「2」、ci「3」、śa「4」、makh「5」、huth「6」、semph「7」、cezp「8」、nurph「9」、śar「10」、zathrum「20」、cialkh「30」

さらに、ラテン語の due-de-vinginti（18 = 20－2）や un-de-vinginti（19 = 20－1）等のような引き算方式の表現法はエトルリア語の影響と言われている（18: esl-em zathrum, 19: thun-em zathrum）。

さて、親族名称については、残っている言語データの大部分が墓碑銘であるため、その意味で情報量は比較的豊かである。

> 父：apa、母：ati、息子：clan、娘：sekh、兄弟：ruva、妻：puia

ただ概して、エトルリア語の言語資料はほとんど宗教、特に葬儀関係（墓碑銘など）に限られており、表現パターンも型にはまったものが多い。こうした言語データだけを元に文法構造の全貌を知るのは確かに困難である[111]。現存するエトルリア語の碑文資料（紀元前 7～1 世紀）の

109　OVS となることも割と多い。

110　印欧語とは異なる様相を呈し、また印欧語以外のどの言語とも結び付かない。

111　基礎語彙を見定める作業も困難を伴う。語彙集などから、aisar =「神々（deôs）」のように語の意味が判明する場合もある（Rix 1985:212）。

数は1万3千にも及ぶが、大部分は短いテクスト（墓碑銘）でその大半を固有名詞が占める[112]。こうした状況下、近年では、テクスト文脈に基づく構文の解析や、史料を文化的・社会的なコンテクストの枠の中で解釈しようとする試みが行われている[113]。

　これまでの研究で、未知の言語を解読する際に有力な手掛かりとなってきたのは既知言語との対訳テクストで、エトルリア語の場合もこのアプローチが採られた[114]。エトルリア語に関連するバイリンガルな資料としては、1964年にピルギ（Pyrgi）で発見された金の延べ板文書がある[115]。この3枚の金の延べ板に刻まれた刻文の1枚がフェニキア語で書かれている。

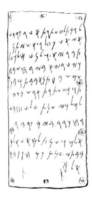

このテクスト（紀元前500年頃）の内容は「カエレ[116]の領主[117]がユーノー・アシュタルテ女神に神域を奉納した」というもので、フェニキア語で16行（37語）が、エトルリア語で16＋5行が記されている。ただ、このバイリンガルのテクストも完全な対訳の形式ではないため[118]、若干の語彙の解釈には役立ったが、期待されたほどの成果をあげることはできなかった[119]。

112　宗教関係の文書の性質もあり同じフレーズの繰り返しが多く、実際の語数はそれほど多くない。

113　松本（2014:412–413）

114　メイエ（1954:463）：「エトルスク・ラテン語の二言語併用文献はあまりないし、それらは短い」。

115　ローマのエトルリア博物館所蔵。この他、約30の、エトルリア語と他言語が併用されているバイリンガル史料がある（Rix 1985:212）。例えば墓碑銘に記されているラテン語・エトルリア語のテクストである（こうした場合、大抵はほぼ名前だけである）。

116　現在のチェルヴェテリ。外港がピルジ（Pyrgi：ラテン語名ピュルギ）である。

117　テファリエ・ウェリアナウ（Thefarie Velianas）のこと。

118　この奉納文は、フェニキア語に自由訳されており（例えばロゼッタ・ストーンのように）逐語訳されているわけではない。

119　http://www.chikyukotobamura.org/muse/wr_europa_17.html（2021年11月アクセス）

〈エトルリア語 テクスト〉

ita tmia icac he

ramašva vatieχe

unial astres θemia

sa meχ θuta Θefa

riei velianas sal

cluvenias turu

ce munis tas θuvas

tameresca ilacve

tul erase nac ci avi

l χurvar, tešiameit

ale ilacve alšase

nac atranes zilac

al, sel eita la acnašv

ers itanim heram

ve avil eniaca pulum χva.

この宮殿とこれらの像はアシュタルテ女神に奉納されている。
これらは一族の人々によって建てられた。
［中略］

itanim heram ve, avile niaca pulum χva.

年月は星の数と同じくらい長くもちこたえるであろう。

〈フェニキア語 テクスト〉

l-rbt l-ʼštrt,

アシュタルテ女神へ

ʼšr qdš ʼz, ʼš pʼl, w-ʼš ytn tbryʼ wlnš mlkʼl kyšryʼ.[120]

ここは神聖な場所であり、Tiberius Velianas により作られ与えられた。

［中略］

w-šnt lmʼš ʼlm b-bty šnt km h kkb mʼl.

そして宮殿の中の聖なる像の年月は天の星の数ほどの長さであろう。

　ところで、エトルリア語で書かれた最も長いテクストは、語彙数にして約 1130 語、宗教儀式関係の文書である（エトルリア語麻生文書 liber linteus[121]）。19 世紀、クロアチア人 1 旅行者によって、エジプトからもたらされたミイラを巻いた、5 枚の連続する麻布（35 cm 幅で 340 cm

---

120　文末の kyšry は「皇帝」の意味。
121　ザグレブ博物館所蔵。18 世紀。

の長さ）の上に記されたテクストである[122]。

このテクストは紀元前3世紀の文書とされ、文としては短く断片的であるため解読が進んでいない。多くの神の名が記されおり、典礼規則などが記されているのではないかと推測されている。出だしの箇所は（断片で残っているだけであるが）、神（々）への祈りの部分である[123]。

具体的な記述の内容は以下のようである[124]。

```
FAC    Le      TvNAM.
作る    そこで   雷
「私は雷鳴をとどろかす」

NAKFA [......]  REN
生まれた        女王
「女王が生まれた」
```

122　一般には、テクストの内容はミイラと何の関係もない。ただ仮説として、ミイラは裕福なエトルリア人旅行者であり、テクストはエトルリアの葬儀習慣が記されたものだとする可能性もある。少なくともエトルリアとエジプトの間にかなりの交流があったことが示されよう。

123　神の怒りを避けるという着想は一般的なものである。ヘビのイメージで描かれることがある。

124　この他に、CISVM（2輪戦車）PVTE（所有する）「あなたは二輪馬車を所有する」（馬で引く一人乗りの2輪戦車は神の乗り物とみなされていた）など。

SFECe [......]   SIKNE   SETI LVNE   Ce
集まる（ここに）   印を付ける   席   月   ここに
「あなた方はここに集まる。[...] あなた方は月の席を確定する」

第5章
エトルリア語・日本語 語彙集[125]

（A C E V Z H TH I L M N P R S SH T U PH X F の順）[126]

A

エトルリア語	日本語
aberas	4 月
ac	作る、提供する
acale	6 月
acas	作る、（犠牲として）捧げる
acathur	少年
acazr	（墓に）捧げられる品
axapri	水差し
acil	生産者
aclus	6 月
acnanas	（子を）もうける
ais	神
aisiu	神聖な
al	作る、提供する、捧げる
alice	一途な
alixa	贈り物
alpan	喜んで
alphaze	政務官
alumnathe	（聖なる）集団
am	～である（be 動詞）
ame	捧げ物
ampile	5 月
an	彼（女）
antha	鷲
apa(na)	父（の）
apcar	計算盤
ar	建てる
arac	鷹
arce	育った

125　参考にしたのは以下の URL である（いずれも 2021 年 11 月アクセス）。
https://web.archive.org/web/20070927045655/
http://www.iolairweb.co.uk/etrusdict.htm
http://etruscans1.tripod.com/Language/EtruscanBib.html
https://web.archive.org/web/20080310162422/
http://www.geocities.com/Athens/Crete/4060/dictionnaire_etrusque.htm
https://web.archive.org/web/20080411001457/
http://www.geocities.com/Athens/Forum/2803/EtruscanGlossary.htm
https://web.archive.org/web/20071117012819/
http://www.verbix.com/documents/etruscan/
https://web.archive.org/web/20070927023503/
http://etruskisch.de/pgs/vc.htm

126　主な資料としては（いずれも 2021 年 11 月アクセス）、Etruscan-English Dictionary（https://web.archive.
org/web/20070927045655/　http://www.iolairweb.co.uk/etrusdict.htm）、および、Etruscan Glossary（http://
etruscans1.tripod.com/Language/EtruscanBib.html）がある。補助資料として挙げられるのは、（1）Damien
Erwan Perrotin's Etruscan Etymological Dictionary（https://web.archive.org/web/20080310162422/　http://
www.geocities.com/Athens/Crete/4060/dictionnaire_etrusque.htm）、（2）Patrick C. Ryan's Etruscan Glossary
（https://web.archive.org/web/20080411001457/　http://www.geocities.com/Athens/Forum/2803/
EtruscanGlossary.htm）、（3）Paolo Agostino's Etruscan Glossary（https://web.archive.org/web/20071117012819/
http://www.verbix.com/documents/etruscan/）、（4）Dieter H. Steinbauer's Etruscan Vocabulary（https://web.
archive.org/web/20070927023503/　http://etruskisch.de/pgs/vc.htm）である。

arim	猿
ars	取り去る
as	捧げる
aska	（瓶などの）容器
at	（儀式などを）行う
athemica	親戚
athre	建物
ati	母
ati nacna	祖母
atran	司祭
avil	年
avilxa	毎年の

C

-c	そして
-ca	その（定冠詞）
ca	この
calusu	優れた
camthi	治安判事
cana	（聖別された）品
cap	運び去る
cape	瓶
caper	オーバー
capi	瓶
capr	4月
capra	骨壺、棺
capu	鷹
car	建てる、作る
cautha	太陽（神）
cealx	30
cexa	儀式
cexase	治安判事
cel	地球、地面、土
cela	部屋
celi(us)	9月
celu	（聖なる）捧げ物
celuca	埋葬
cep(en)	神官

cerixunce	建てた
cerinu	建てられた
ces	置く、確立する
cesu	埋められた
ci	3
ciz	三度
clan	息子
clanti	養子
cletram	かご
cleva	捧げ物
creal	治安判事
culixna	瓶
cupe	コップ
cver	贈り物
cvera	（彫刻などの）芸術作品

E

ein	いいえ、～ない、彼らが（を）
eis(na)	神（の）
eleivana	油（の）
elu	捧げる、祈る
ena	今日
enac, enax	その後、後で
epl	～（の中）へ
ers	取り去る
esal	2
eshvita	後日
eslz	二度
eta	この
etera, eteri	奴隷、外国人
eterau	見知らぬ人
etnam	そして、また
etr	～へ
etva	この

V

vacal	お神酒
velcitna, velitna	3月

vers	火
vertun	瓶
vinum	ワイン

Z

zanena	カップ
zavena	（飲料用の）器
zathrum	20
zal	2
zatlath	仲間
zeri	儀礼
zil	支配する
zilac	行政
zilath	（文化）役員
zic	描く、書く
zinace	生産された（陶器など）
ziv（a）	亡くなった
zix	描く、書く、刻む
zixu	作家
zixuxe	書かれた、刻まれた
zusle	犠牲（動物など）

H

hampha	右側
hamphe	5月
hante	～の前に
hanthin	～の正前に
hathna	幸福な
hec, hex	置く、加える
heramas	聖像
herma	場所、像
hermi	8月
heva	皆
hilar	区切られた
hintha	下に
hinthial	魂、幽霊
hinthin	退ける
hinthu	下の、地獄の

hiuls	梟
huin	泉
hupni（na）	瓶、棺
hus	少年
hushiur	子どもたち
hushlna	（取っ手付きの）壺（甕）
husina	若者
huznatre	若者たち
huth	5、6
huthzar	15

TH

thafna	コップ
tham	建てる
thamna	馬
thap	聖別する
thapna	瓶
thaur(x)	墓（の）
theuru, thevru	雄牛
thes	持って来る
thesan	夜明け
theshviti	東に（で）
thez	（犠牲を）捧げる
thina	瓶
thruna	権力
thu	1、2
thui	ここ、今
thuni	～の前に
thunxultha	私的な
thunz	一度
thuv	立てる
thuva	兄弟
thva	内（部）の

I

ic	どうように、～のように、～として
ica	この、あの

ilu	提供する、祈る		man(i)	墓、死者
ilucu	期間		manin	（死者に）捧げる
ipa	この、何（誰）であれ		marish	少年、新郎
ipu	何（誰）であれ		masculinena	鏡
ishveita	翌日、後日		mata	瓶
ister	俳優		matam, matan	上に、前に
ita	この、あの		math	（蜜入り）ワイン
itu	分ける		max	4、5
ix	どうように、〜のように、〜として		mean	児童期、青春期
			men	提供
ixnac	どうように		methlum	人々、地域
			mex	人々、国家、婦人

L

laiva	左側		mlac	奉納物
lantneteri	自由民		mlaca	よい、美しい
lasa	新婦		mlax	奉納物、よい、美しい
laut(u)n	家族、人々、自由民、国家		mul	提供する、誓う
lautni	家族の		mulax	奉納物
lautnitha	女奴隷、女自由民		mulu	贈り物
lauxum	王		muluvanece	奉納された
lauxumna	王家、宮殿		mulx	美しい、素敵な
lextum(uza)	瓶、水差し		mun	墓、異界
lein	死ぬ		munis	寄付する、引き受ける
leine	〜歳で		mur	滞在する、置く
leinth	老齢		murs(h)	骨壺
les	提供する		mut(a)na	石棺
leu	ライオン		muvalx	40、50
lucair	支配する			
lup	亡くなる			
lupu	亡くなった			
luri	明るさ			

N

			nac	それから、なぜなら、なぜ
			naper	境界線

M

mac	5		naplan	（ワイン）瓶
mal	与える		nefts	甥、孫
malak	奉納物		nene	乳母
malena	（銅製の）鏡		neri	水
malstria	鏡		nes(na)	死人（の）、死ぬ
			netei	義母
			nethshrac, netshvis	

nethshrac, netshvis
腸卜官（生け贄の獣の腸を調

				べて神意を占う神官）

nuna	捧げ物		sa	4
nurph	9		sac	聖別する
nurphzi	九度		sacni(iu)	聖所、市民

P

papa(cs)	祖父、祖先
papals	祖父の、孫
parla	瓶
parnix	行政長官
patna	瓶
penth(u)na	石
penza	低部
pera	家
pi	～で
prumathi, prumaths	
	曾孫
prum(a)ts	曾孫
prux	取っ手
pruxum	水差し
puia	妻
pul	～で
pulumxva	星
pupluna	人々
purx, purth, purthne	
	独裁官
put	（儀式を）行う
puth	泉

R

rax	準備する
rasenna	エトルリアの
ras(h)na	エトルリアの
ratum	法に従うと
ril	～歳で
rumax	ローマの
ruva	兄弟

S

sa	4
sac	聖別する
sacni(iu)	聖所、市民
sacnisa	聖別する
san	祖先
santi	捧げ物
sar	10
sat(h)	置く
scuna	場所
sealx	40
sec, sex	娘
sel	行う、作る
semph	7、8
sempalx	70、80
snenath	女中、仲間
snuiaph	（聖なる）捧げ物、
	（できるだけ）多く
span	低地
spanti	瓶、皿
spet	飲む
spur	都市
spurana, spureni	
	市民の
spuriaze	公共の
sran	装飾
srancza	上部
sren	装飾
srenc	上の、上に
srencve	装飾された
suc	宣言する
sut(h)	滞在する、置く
suthi(na)	墓（の）
suplu	笛吹き
sval	生きる
sve	同様に

SH

sha	4、6
shar	10
shealx	40、60
shians	始まり、型、計画
shran, shren	姿形
shrencve	装飾された
shuntheruza	（丸型の）粘土箱
shurnu	秩序、誓約
shuth	置く
shuthi	墓
shuthina	（墓への）贈り物

T

ta	この
tam	建てる
tamera	神官、行政官
tamna	馬
tanasa	俳優
ten	（官庁業務を）行う
tes	世話をする
tesham	埋葬
teta	祖母
tetals	孫
tev	置く、示す
tevarath	審判、観察者
tesh	持って来る、治療する
tesham	治療する
tesinth	監督、世話人
teur	判決
tezan	道
tin(ia)	日
tinscvil	（聖別された）物
tiu(r), tiv(r)	月
tmia	聖堂
tnam	見る
trepu	職人、大工
trin	主張する

truna	権力
trut	（献酒などの）聖なる行為
truth	投げる
trutnut(h)	予言者、神官
tunur	単に
tuthi	共同体、与える
tuthin	公共の
tul(ar)	石、境界
tularu	境界
tupi	石、罰
tur	与える、捧げる
tura	香料
turane	7月
turza	捧げ物
turn	捧げられた
tus	棺
tusna	白鳥
tusurthir	既婚者
tut(h)i	共同体
tuthiu	誓約
tuthin(a)	公共の、人々
tv	見せる、見る

U

u(l)paia	瓶
una	流れ
une	それから
ush(il)	太陽、南、正午
uslane	正午に
ut	与える、成し遂げる

PH

phersu	仮面、俳優

X

xulixna	コップ

F

falatu	空
fan	聖別する
fanu	聖所
farth	持って来る
farthana	義理の（親縁関係）
fase	献酒
fasle	瓶
favi	墓、溝
fir	持って来る
fler	聖像、捧げ物、献酒
flere	聖像、神（性）
fleres	聖像
flerxva	（奉納）儀式
frontac	予言者
fulumxva	星
fufluna	人々
furthan	天才

あとがき

世界には、現在約 7,000 の言語が話されているが、その約半数は話者数が 6,000 人以下という、いわゆる少数民族語である。そのうちの多くの言語が消滅しつつあり、しかも、その速度は極めて速い[127]。政治・経済・文化的に優勢な大言語に圧倒されたり、より勢力のある周囲の言語に圧迫されたりして、今、地球上から急速に消滅しつつあるわけである。近年、こうした少数民族の言語問題に対する取り組みの意識が高まっている。人類言語の存亡にいち早く取り組んだのがユネスコである。2001 年、国連環境計画の環境フォーラムで「環境・文化と密接に関わる言語の消失は自然の教科書を失うことに等しい」と警告を鳴らした。ユネスコの宣言規約にも「無形遺産の発展と継承」が謳われている[128]。例えば世界無形文化遺産（ユネスコ）に[129]、中央アメリカのカリブ海のガリフナ語（クレオールの 1 つ）が登録された。ユネスコによると、全世界で現在使われている言語のほぼ半数は、まもなく完全に消失してしまう運命にあるという。単純計算でいけば、2 週間に 1 つの言語がこの世界から失われてしまっていることになるのである[130]。

ユネスコによる危機言語の発表（2009 年）は、言語の多様性を守るという、比較的斬新な（しかし言語学的には古くからある）問題意識を提示したわけであるが、私たち言語学者としては、実にさまざまな言語が存在しているということを強調することが言語文化の豊かさをアピールする、将来に向けてのメッセージになり得ることを確信し、危機言語の問題に取り組むことが肝要である。ユネスコは、どのような時に言語が絶滅の危機に瀕しているのかを明らかにする目的で次の基準を設けた。(1) 当該言語は次世代に引き継がれているか、(2) 当該言語の話者の絶対数は何人か、(3) 先住民の共同体のどれくらいの割合が当該言語を使い続けているか、(4) 当該言語の使用用途（例：印刷など）、(5) 当該言語はいかにして新しい使用用途（例：マスメディア・インターネットなど、(6) 当該言語で書かれたどれくらいの教材が言語教育という目的・読み書きの向上の目的で使用可能か、(7) 当該言語に対してどのような政策・制度上の方針（例：公用語としての地位）が採られているか、(8) 当該言語に対してどのような協同体の方針が採られているか、(9) 当該言語の資料が質量ともにどのくらい入手可能か。これら

---

127 こうした危機言語は存在自体が消滅の危機に瀕していると言える。

128 崎山（2002:360–375）

129 日本の能楽も同じ時期に指定されている。

130 危機言語の問題は、20 世紀も終わりに近づいた 1990 年代から特に注目され始めた。専門家の間でも次のような予測を立てられ始めている：「まず 21 世紀のうちに今話されている言語のうち 20〜50% が完全に話し手をなくして消滅します。残る 40〜75% の言語についても、しだいに子どもたちに話されなくなって危機言語の状態に陥る可能性があります。この予測によれば、今世紀末に「安泰」な言語は現在話されているうちのわずか 5〜10%、数にして 300〜600 程度でしかないということになります」。この予測には、現在全地球規模で急速に進むグローバリゼーションの潮流が影響している。言語の消滅は、歴史上たしかに繰り返し起こってきたことである。しかしながら、グローバリゼーションの潮流はかつて人類が経験したことのない速度で、多くの危機言語を消滅へと追いやっているのである。ここに危機言語の問題が特にいま注目されている理由があるわけである。危機言語の問題は、私たちに突きつけられたきわめて現代的な問題だと言える。

のうち、世代間の引き継ぎ（1）が最も重要である。多くの人に使用され活力をもつには次世代で使われることが前提になるからである[131]。

　言語学者が、言語の多様性を重視する本質的な理由は何か。英語だけで済まさられる世界ではなく、多様な言語がある世界が好ましいのはどうしてなのだろう。生物の多様性を守ることが、我々が住んでいる世界そのものの価値につながっていくと信じている人が多い。しかし、いざ万人を説得し、例えば生物多様性条約を批准しようとすると、経済的な価値などを強調せざるを得なくなる。さて、そもそも言語学は経験科学なので、得られたデータとの対決によって発展していくという特徴がある。したがって、データの質・量が貧弱になれば、言語学の発展にも赤信号が灯ることになるのである。現在までの言語学の研究史を見ればわかる通り、言語学は政治・経済・文化などの点で当時いわゆる周辺と見なされていた領域をフロンティアとし、そこに積極的にアプローチすることによって豊かな発展を遂げてきた。言語の類型や普遍文法といった大テーマの議論が現実のものになったのも、この発展があったからこそである。危機言語の多くについて十分な研究がされていない現状を思うと、危機言語の消滅は、そのまま言語学におけるフロンティアの消滅につながりかねない。

　植民地主義の結果、アルファベットは今や多くの国で日常的に使われている。この植民地主義の影響を受けた国々では、現地語で書かれた文法記述はあまり見られないのが現状である。幸いにも、いくつかの言語については研究者が記録を残してはいる。こういった先人の努力のおかげで、私たちは今日これらの国々の文化に根付いた多くの魅力あふれる物語に出会うことができるのである。言語は先住民族の知識が詰め込まれた貴重な宝庫だと言える。民族の固有言語の多様性を後世に残すこと、とりわけ消滅の危機に瀕している少数民族の言語を誰もが理解できる状態で可能な限り長く保持すること、これらの仕事をこなすことができるかどうかは私たちの判断にかかっているわけである[132]。

131　言語の活力を査定する方法の1つに、話者の世代別の言語知識の測定がある。調査時点での話者数だけではなく、未来の話者数も、言語の全体的な活力を測る要因となるのである。言語活力を測る尺度として次の10グレードがある。
　　（1）ほぼ全ての子どもを含む全世代で使われている。
　　（2）大半の子どもによって使われている。
　　（3）親の世代以上のほぼ全ての成人によって使われている一方、子ども世代にはほとんど使われていない。
　　（4）30才以上の成人によっては使われているが、30才未満の世代の成人によっては使用されていない。
　　（5）40代以上の成人によってしか使われていない。
　　（6）話者は全て50代以上である。
　　（7）話者は全て60代以上である。
　　（8）話者は全て70代以上である。
　　（9）話者は全て70代以上であり、話者の総数は10人未満である。
　　（10）話者が存在せず、絶滅している。
132　かつてエトルリア語がラテン語に吸収されていったようなプロセスは、歴史的にだけでなく現在もなお進行中の事例である。例えば1例を挙げれば、太平洋地域は言語ごとの話者数は少なく、また通常、有力言語が存在しないことが特徴であるため、パプア語を基層にしながらオーストロネシア語が上層に入っているケースが少なからず見られる（もっともエトルリア語のような運命を辿ることになる場合ばかりではない）。

参考文献

Ameka, Felix, Alan Dench & Nicholas Evans (eds.) (2006) *Catching language: the standing challenge of grammar-writing*. Berlin: Mouton de Gruyter.

Anderson, Carl Edlund (2005): "The Runic System as a Reinterpretation of Classical Influences and as an Expression of Scandinavian Cultural Affiliation." http://www.carlaz.com /phd/AndersonCE_1999_ Runes_and_Reinterpretation.pdf（2021 年 11 月アクセス）

朝日新聞東京本社文化企画局編（1996）『エトルリア文明展：最新の発掘と研究による全体像』朝日新聞社

オースティン・ピーター / 澤田治美 監修（2010）『世界言語百科』柊風舎

Blättler, Jana (2007): *Kleinsprachen und Sprachstandardisierung*. Champfer: Eigenverlag.

Bonfante, Larissa (1990): *Etruscan*. London: British Museum Publications Ltd. ボンファンテ、ラリッサ著、小林 標 訳、矢島文夫 監修（1996）『エトルリア語』（大英博物館双書 失われた古代文字を読む 6）学芸書林

Bonfante, Giuliano & Larissa (2002): *The Etruscan Language: An Introduction*. Manchester: Manchester University Press.

ブリケル，D./平田隆一 監修 / 斎藤かぐみ 訳（2009）『エトルリア人―ローマの先住民族 起源・文明・言語』クセジュ文庫

Corssen, Wilhelm (1875): *Über die Sprache der Etrusker*. Leipzig: Druck und Verlag von B. G. Teubner.

Deplazes, Gion (1987): *Funtaunas. Istorgia da la litteratura rumantscha per scola e pievel*. Tom 1: *Dals origins a la refurma*. Cuira/Chur: Lia Rumantscha.

Evans, Nicholas (2010): *Dying Words. Endangered Languages and What they have to tell us*. Wiley-Blackwell. エヴァンズ、ニコラス著、大西・長田・森 訳（2013）『危機言語 言語の消滅でわれわれは何を失うのか』京都大学学術出版会

Gabelentz, Georg von der. 1891. *Die Sprachwissenschaft. Ihre Aufgaben, Methoden und bisherigen Ergebnisse*. Leipzig: Weigel Nachf.

ギボン（中野好夫他訳）（1995–96）『ローマ帝国衰亡史』1〜11. 筑摩書房

Gross, Manfred (2004): *Romanisch. Facts & Figures*. Cuira/Chur: Lia Rumantscha.

長谷川博隆（1994）『カエサル』講談社学術文庫

ドーラ・ジェーン・ハンブリン著（平田隆一訳）（1977）『エトルリアの興亡』タイムライフブックス

長谷川博隆（1991）『カルタゴ人の世界』筑摩書房

秀村欣二・三浦一郎（1974）『世界の歴史 2：古代ヨーロッパ』社会思想社現代教養文庫

平田隆一（1982）『エトルスキ国制の研究』南窓社

ジャン，G. / 矢島文夫 監修 / 高橋 啓 訳（1990）『文字の歴史』創元社

Jones, Ilse Nesbitt (2002): *Five Texts in Etruscan: early Gothic language of Tyrrhenians and ancient Jutes*. New York: Peter Lang.

ヴェルナー・ケラー（阪本明美訳）（1996）『エトルリア―ローマ帝国に栄光を奪われた民族』祐学社

Kirchhoff, Adolf (⁴1887): *Studien zur Geschichte des griechischen Alphabets*. Berlin: F. Dümmler

松谷健二（1991）『カルタゴ興亡史：ある国家の一生』白水社

松本克己（2001）「エトルリア文字」亀井 他（編）『言語学大辞典』別巻「世界文字辞典」三省堂

Maraschino, Nicoletta & Robustelli, Cecilia (2011): "Minoranze linguistiche: la stuazione in Italia." In: G. Stickel (Hg.): *National, Regional and Minority Languages in Europe.* Frankfurt: Peter Lang. p. 73–80.

松本克己（2014）『歴史言語学の方法 ギリシア語史とその周辺』三省堂

メイエ Meillet , Antoine / 泉井久之助 訳（1954）『世界の言語』Les langues du monde 朝日新聞社

南川高志（1998）『ローマ五賢帝 －「輝ける世紀」の虚像と実像－』講談社現代新書

宮岡伯人・崎山 理（2002）『消滅の危機に瀕した世界の言語』明石書店

村川堅太郎編（1974）『世界の歴史 2：ギリシアとローマ』中公文庫

西田龍雄（2002）『アジア古代文字の解読』中公文庫

小野林太郎（2017）『海の人類史 東南アジア・オセアニア海域の考古学』雄山閣

パロッティーノ M.〔ほか〕著（1985）（青柳正規・大槻泉・新喜久子 訳）『エトルリアの壁画』岩波書店

ラッチェ、アネッテ（Annette Rathje）著（1982）（大森寿美子 訳）『エトルリア文明 700 年の歴史と文化』（*Gli Etruschi 700 anni di storia e cultura*）

Pfiffig, Ambros Josef (1969): *Die Etruskische Sprache: Versuch einer Gesamtdarstellung.* Graz: Akademische Druck- u. Verlagsanstalt.

Pfiffig, Ambros Josef (1984): *Einführung in die Etruskologie.* Darmstadt: Wissenschaftliche Buchgesellschaft.

ロレンス D. H. 著、奥井潔訳（1987）『エトルリアの故地』南雲堂

Rix, Helmut (1985): „Schrift und Sprache," In: (ed. M. Cristofani) *Die Etrusker.* Stuttgart & Zürich: Belser.

Rix, Helmut (1998): *Rätisch und Etruskisch.* Innsbruck: Institut für Sprachwissenschaft der Universität Innsbruck.

谷口幸男（1971）：『ルーン文字研究序説』広島大学文学部紀要（特別号 1）

ジャン＝ポール・テュイリエ（1994）青柳正規監修・松田廸子訳『エトルリア文明－古代イタリアの支配者たち－』創元社（知の再発見双書）

塚原富衛（1996）『ローマ・カルタゴ百年戦争』展転社

矢島文夫（1999）『解読 古代文字』ちくま学芸文庫

弓削達（1973）『地中海世界－ギリシアとローマ－』講談社現代新書

弓削達（1989）『ローマ帝国とキリスト教』河出書房新社

Wanner, Gerhard (2012): „Räter und Rätoromanen in der Geschichtsschreibung Vorarlbergs," In: Wanner Gerhard & Jäger Georg (Hg.): *Geschichte und Gegenwart des Rätoromanischen in Graubünden und im Rheintal.* Chur: Desertina, p. 69–100.

Woudhuizen, Fred C. (1991): "Etruscan & Luwian." Journal of Indo-European Studies 19 (1/2), p. 133–150.

著 者

河 崎　靖(かわさき やすし)

京都大学大学院　人間・環境学研究科　教授

1985年、京都大学大学院文学研究科修士課程(言語学専攻)修了
大阪市立大学講師、京都大学総合人間学部助教授等を経て、2009年より現職
専門はゲルマン語学・歴史言語学・神話学

著 書
『オランダ語の基礎』(白水社、2004年)、『ゲルマン語学への招待 ── ヨーロッパ言語
文化史入門』(現代書館、2006年)、『ドイツ語学への誘い ── ドイツ語の時間的・空間
的広がり』(現代書館、2007年)、『ドイツ語で読む『聖書』── ルター、ボンヘッファー等
のドイツ語に学ぶ』(現代書館、2011年)、『ボンヘッファーを読む ── ドイツ語原典でた
どる、ナチスに抵抗した神学者の軌跡』(現代書館、2015年)、『ルーン文字の起源』
(大学書林、2017年)、『神学と神話 ── ドイツ文化誌の視座から』(現代書館、2019
年)、『アボリジニの言語』(大学書林、2020年)

エトルリア語入門

発行日　　2021年12月30日
著　者　　河 崎　靖
発行者　　吉 村　始
発行所　　金壽堂出版有限会社
　　　　　〒639-2101　奈良県葛城市疋田 379
　　　　　電話：0745-69-7590　FAX: 0745-69-7590
　　　　　メール(代表)：info@kinjudo.co.jp
　　　　　ホームページ：https://www.kinjudo.co.jp/
印刷・製本　株式会社北斗プリント社